몰라도 간다!

베이징 편

지하철 여행
중국어

지하철 여행
중국어

초판 1쇄 인쇄 2020년 8월 28일
초판 1쇄 발행 2020년 9월 7일

지은이	리시쩐, 권미령
발행인	임충배
홍보/마케팅	양경자
편집	김민수
디자인	정은진
펴낸곳	도서출판 삼육오 (PUB.365)
제작	(주)피앤엠123

출판신고 2014년 4월 3일
등록번호 제406-2014-000035호

경기도 파주시 산남로 183-25
TEL 031-946-3196 / FAX 031-946-3171
홈페이지   www.pub365.co.kr

ISBN 979-11-90101-34-9 13720
© 2020 리시쩐, 권미령 & PUB.365

이 도서의 국립중앙도서관 출판예정도서목록(CIP)은 서지정보유통지원시스템 홈페이지(http://seoji.nl.go.kr)와
국가자료공동목록시스템(http://www.nl.go.kr/kolisnet)에서 이용하실 수 있습니다. (CIP제어번호: CIP2020016899)

들어가는 말

중국의 수도 베이징(北京)에 위치한 베이징 지하철은 매일 약 1,375만 명이 이용하는 중국에서 손꼽히는 지하철로 현재 총 23개의 노선이 운행 중입니다. 베이징 지하철은 시 중심부터 교외까지 확장되어 운행되기 때문에 지하철만으로도 베이징의 이곳저곳을 여행할 수 있는데요, 본 도서는 이렇게 지하철을 이용해 중국 여행을 즐기고 싶은 사람, 또는 중국이 아닌 곳에서 중국 여행을 하듯 중국어를 배우고 싶은 방구석 여행자를 위해 제작된 초급 회화책으로 베이징 지하철역을 중심으로 역 근처에서 사용할 수 있는 다양한 중국어 표현을 제공하고 있습니다.

예비 중국 여행자 또는 방구석 여행자를 위한 『지하철 여행 중국어 – 베이징 편』의 특징은 다음과 같습니다.

첫째, 굉장히 실용적입니다. 단순히 상황별 회화문을 알려주는 것이 아니라, 실제 지하철역과 그 역 주변의 특징을 알려주고 그곳에서 일어날 수 있는 에피소드를 바탕으로 꼭 필요한 필수 표현을 배울 수 있도록 구성하였기 때문에 해당 표현이 왜 필요하고 어떻게 사용할 수 있는지 자연스럽게 이해하고 습득할 수 있습니다.

둘째, 지역 정보를 제공합니다. 회화문의 이해를 돕기 위해 해당 지하철역의 정보를 제공하고 있습니다. 그렇기 때문에 실제 베이징 여행을 계획하고 있을 경우 여행에 대한 다양한 정보를 얻을 수 있고 여행을 가지 않는다고 해도 여행을 간 것처럼 베이징의 이모저모를 알 수 있습니다.

셋째, 기존 유형에 현실감을 더했습니다. 다년간 사람들이 사용한 다른 중국어 교재들을 연구, 분석하여 공통으로 들어간 핵심 중의 핵심 표현을 선별하였으며 거기에 현재는 잘 쓰지 않는 표현은 제외하고 새롭게 사용되는 표현을 추가로 넣어 필수적이면서도 트렌디한 표현을 배울 수 있도록 구성했습니다.

『지하철 여행 중국어 – 베이징 편』은 '어떻게 하면 사람들이 질리지 않고 재밌게 트렌디한 중국어를 배울 수 있을까?' 하는 질문에서 시작됐습니다. 중국어는 시작은 했지만 어렵다는 이유로, 재미없다는 이유로 중간에 포기한 사람들이 정말 많습니다. 이 책의 목표는 오로지 하나입니다. 매일 여행하듯 재미있게 중국어를 배울 수 있게 하는 것! 여러분이 중국어를 포기하지 않도록, 중국어가 싫어지지 않도록 열심히 도와드리겠습니다.

2020.09
리시쩐, 권미령

목차

01 왕푸징(王府井 Wángfǔjǐng)역 ·················· 22
내용: 호텔 예약하기
목표: 호텔 예약을 확인할 수 있습니다.

02 투안제후(团结湖 Tuánjiéhú)역 ················· 34
내용: 자기소개하기
목표: 자기소개를 할 수 있습니다.

03 베이징따쉐둥먼(北京大学东门 Běijīng Dàxué Dōngmén)역 ··· 46
내용: 길 묻기
목표: 길을 묻고 답할 수 있습니다.

04 융허궁(雍和宫 Yōnghégōng)역 ················· 58
내용: 음식 주문하기
목표: 음식을 주문할 수 있습니다.

목차

이 책의 구성 및 활용

미리 알고 넘어가요 – 중국어와 중국어 발음

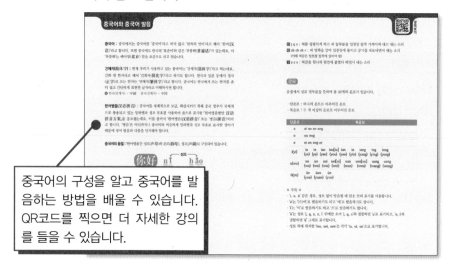

중국어의 구성을 알고 중국어를 발음하는 방법을 배울 수 있습니다. QR코드를 찍으면 더 자세한 강의를 들을 수 있습니다.

미리 알고 넘어가요 – 중국어의 숫자와 날짜, 요일

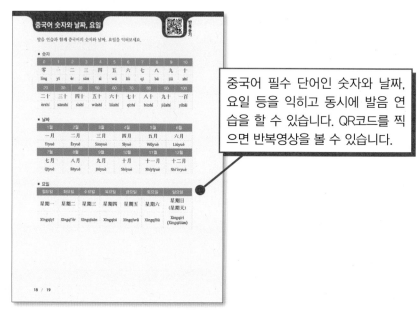

중국어 필수 단어인 숫자와 날짜, 요일 등을 익히고 동시에 발음 연습을 할 수 있습니다. QR코드를 찍으면 반복영상을 볼 수 있습니다.

미리 알고 넘어가요 – 중국어의 품사와 문장 구조

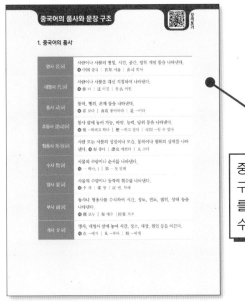

중국어의 뼈대가 되는 품사와 문장 구조를 배울 수 있습니다. QR코드를 찍으면 더 자세한 강의를 들을 수 있습니다.

오늘 여행할 지하철 역은 어디일까요?

QR코드를 찍으면 동영상 강의를 볼 수있습니다.

쯔진청(紫禁城)을 중심으로 해당 챕터의 지하철역이 어디에 위치해 있는지 알 수 있습니다.

호텔 예약을 확인할 수 있습니다.

이번 역의 핵심 단어를 알 수 있습니다. 이외의 단어들은 단원 마지막 '단어' 부분에 있습니다.

학습 목표를 확인할 수 있습니다.

에피소드 대화문으로 알기 쉽게 배워요.

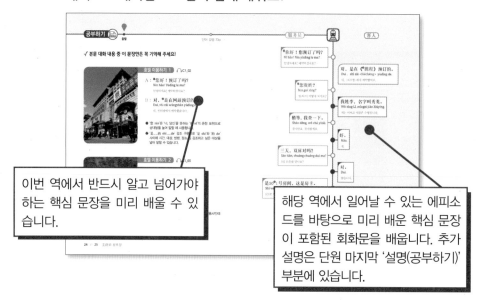

이번 역에서 반드시 알고 넘어가야 하는 핵심 문장을 미리 배울 수 있습니다.

해당 역에서 일어날 수 있는 에피소드를 바탕으로 미리 배운 핵심 문장이 포함된 회화문을 배웁니다. 추가 설명은 단원 마지막 '설명(공부하기)' 부분에 있습니다.

실전 여행을 위한 상세 설명과 여행 Tip도 익혀요.

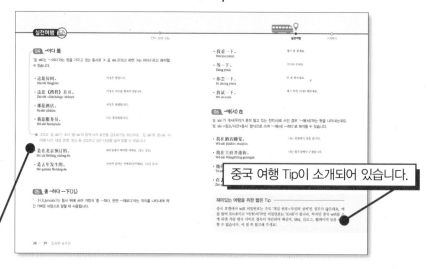

중국 여행 Tip이 소개되어 있습니다.

더 많은 설명과 연습이 필요한 표현들만 모아 추가로 학습합니다.

문제 풀이도 빼놓을 수 없겠죠?

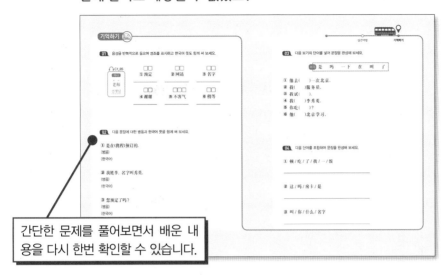

간단한 문제를 풀어보면서 배운 내용을 다시 한번 확인할 수 있습니다.

추가 설명과 놓치지 말아야 할 단어를 함께 점검해요.

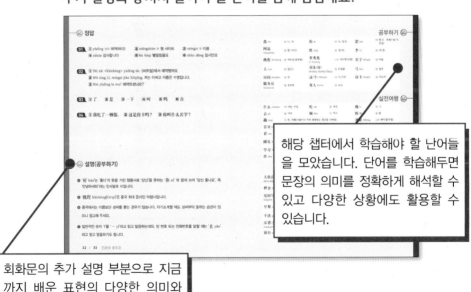

회화문의 추가 설명 부분으로 지금까지 배운 표현의 다양한 의미와 쓰임새를 확인할 수 있습니다.

해당 챕터에서 학습해야 할 난어들을 모았습니다. 단어를 학습해두면 문장의 의미를 정확하게 해석할 수 있고 다양한 상황에도 활용할 수 있습니다.

중국어 : 중국에서는 중국어를 '중국어'라고 하지 않고 '한족의 언어'라고 해서 '한어(汉语)'라고 합니다. 또한 중국에도 한국의 '표준어'와 같은 '푸통화(普通话)'가 있는데요, 이 '푸통화'는 베이징(北京) 말을 표준으로 삼고 있습니다.

간체자(简体字) : 현재 우리가 사용하고 있는 중국어는 '간체자(简体字)'라고 하는데요, 간화 된 한자라고 해서 '간화자(简化字)'라고 하기도 합니다. 한국과 일본 등에서 정자(正字)로 쓰는 한자는 '번체자(繁体字)'라고 합니다. 중국어는 한국에서 쓰는 한자를 좀 더 쉽고 간단하게 표현한 글자라고 이해하시면 됩니다.

예 한국(번체자) – 中國   중국(간체자) – 中国

한어병음(汉语拼音) : 중국어를 세계적으로 보급, 확산시키기 위해 중국 정부가 국제적으로 통용되고 있는 알파벳과 성조 부호를 사용하여 음으로 표기한 「한어병음방안 汉语拼音方案」을 공포했는데요, 이를 줄여서 '한어병음(汉语拼音)' 또는 '병음(拼音)'이라고 합니다. '병음'은 어디까지나 중국어와 비슷하게 알파벳과 성조 부호로 표시한 것이기 때문에 영어 발음과 다름을 인지해야 합니다.

중국어의 음절 : '한어병음'은 성모(声母)와 운모(韵母), 성조(声调)로 구성되어 있습니다.

성모

음절의 처음에 나오는 자음으로 총 21개의 성모가 있습니다.

1 b p m : 윗입술과 아랫입술을 살짝 붙였다 떼면서 내는 소리
2 f : 윗니를 아랫입술에 대고 내는 소리
3 d t n l : 혀끝을 뾰족하게 윗잇몸의 뒷면에 붙였다 떼면서 내는 소리
4 g k h : 혀뿌리를 입천장 가까이에 대고 내는 소리

5 j q x : 혀를 평평하게 하고 혀 앞부분을 입천장 앞쪽 가까이에 대고 내는 소리
6 zh ch sh r : 혀 양쪽을 말아 입천장에 붙이고 공기를 내보내면서 내는 소리
　　　　　(이때 혀끝은 입천장 앞쪽에 있어야 함)
7 z c s : 혀끝을 윗니의 뒷면에 붙였다 떼면서 내는 소리

운모

음절에서 성모 뒷부분을 뜻하며 총 36개의 운모가 있습니다.

· 단운모 : 하나의 운모로 이루어진 운모
· 복운모 : 두 개 이상의 운모로 이루어진 운모

단운모	복운모
a	ai ao an ang
o	ou ong
e	ei en eng er
i(yi)	ia　　ie　　iao　iou[iu]　ian　　in　　iang　　ing　　iong (ya)　(ye)　(yao)　(you)　(yan)　(yin)　(yang)　(ying)　(yong)
u(wu)	ua　　uo　　uai　uei[ui]　uan　　uen[un]　　uang　　ueng (wa)　(wo)　(wai)　(wei)　(wan)　(wen)　(wang)　(weng)
ü(yu)	üe　　üan　　ün (yue)　(yuan)　(yun)

※ 주의 ※
· 'i, u, ü' 같은 경우, 성모 없이 발음될 때 괄호 안의 표기를 사용합니다.
· 'e'는 '(으)어'로 발음하기도 하고 '에'로 발음하기도 합니다.
· 'i'는 '이'로 발음하기도 하고 '으'로 발음하기도 합니다.
· 'ü'는 성모 'j, q, x, n, l' 뒤에만 오며 'j, q, x'와 결합하면 'u'로 표기하고, 'n, l'과
　결합하면 'ü' 그대로 표기합니다.
· 성모 뒤에 위치한 'iou, uei, uen'은 각각 'iu, ui, un'으로 표기합니다.

성조

음절의 높낮이를 나타낸 것으로 총 4개의 성조가 있습니다.

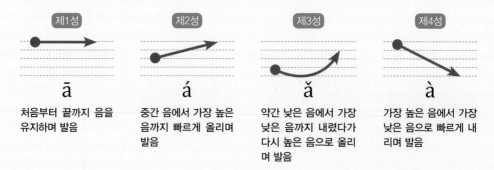

제1성	제2성	제3성	제4성
ā	á	ǎ	à
처음부터 끝까지 음을 유지하며 발음	중간 음에서 가장 높은 음까지 빠르게 올리며 발음	약간 낮은 음에서 가장 낮은 음까지 내렸다가 다시 높은 음으로 올리며 발음	가장 높은 음에서 가장 낮은 음으로 빠르게 내리며 발음

일부 약하고 짧게 발음되는 음절이 있는데 이를 '경성(轻声)'이라고 하며 경성은 성조를 표기하지 않고 앞 절의 성조에 따라 음의 높낮이가 결정됩니다.

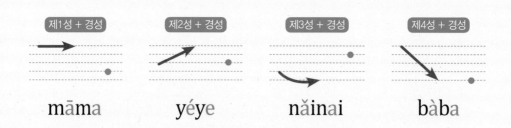

제1성 + 경성	제2성 + 경성	제3성 + 경성	제4성 + 경성
māma	yéye	nǎinai	bàba

성조의 기호 표기

· 성조 기호는 기본 운모(단운모)에 표기합니다.
· 운모가 두 개 이상인 경우 a〉o e〉i u ü 순서로 표기합니다.
· 'ui' 또는 'iu'일 때 성조는 항상 마지막 글자에 표기합니다.
· 'i' 위에 성조를 표기할 때는 위의 점을 없애고 그 자리에 성조를 표기합니다.

■ 제3성의 성조 변화

제3성 음절이 연이어 나올 경우, 앞의 제3성은 제2성으로 발음합니다. 이때 표기는 제3성 그대로 표기합니다.

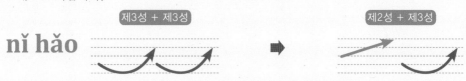

· 제3성이 제1, 2, 4성 혹은 경성 앞에 쓰이면 앞의 제3성은 앞에 내려가는 음만 발음하는 '반 3성'으로 발음합니다. 이때 표기는 제3성 그대로 표기합니다.

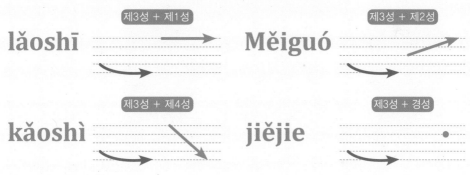

■ '不(bù)'의 성조 변화

'不(bù)'가 제4성 앞에 올 경우 제2성으로 발음합니다. 이때는 제2성으로 표기합니다.

■ '一(yī)'의 성조 변화

· '一(yī)'가 제4성 앞에 올 경우 제2성으로 발음합니다. 이때는 제2성으로 표기합니다.
· '一(yī)'가 제1, 2, 3성 앞에 올 경우 제4성으로 발음합니다. 이때는 제4성으로 표기합니다.
· 서수 또는 년, 월, 일 등에 쓰일 때는 '一(yī)' 그대로 발음합니다.

발음 연습과 함께 중국어의 숫자와 날짜, 요일을 익혀보세요.

■ 숫자

0	1	2	3	4	5	6	7	8	9	10
零	一	二	三	四	五	六	七	八	九	十
líng	yī	èr	sān	sì	wǔ	liù	qī	bā	jiǔ	shí

20	30	40	50	60	70	80	90	100
二十	三十	四十	五十	六十	七十	八十	九十	一百
èrshí	sānshí	sìshí	wǔshí	liùshí	qīshí	bāshí	jiǔshí	yìbǎi

■ 날짜

1월	2월	3월	4월	5월	6월
一月	二月	三月	四月	五月	六月
Yīyuè	Èryuè	Sānyuè	Sìyuè	Wǔyuè	Liùyuè

7월	8월	9월	10월	11월	12월
七月	八月	九月	十月	十一月	十二月
Qīyuè	Bāyuè	Jiǔyuè	Shíyuè	Shíyīyuè	Shí'èryuè

■ 요일

월요일	화요일	수요일	목요일	금요일	토요일	일요일
星期一	星期二	星期三	星期四	星期五	星期六	星期日 (星期天)
Xīngqīyī	Xīngqī'èr	Xīngqīsān	Xīngqīsì	Xīngqīwǔ	Xīngqīliù	Xīngqīrì (Xīngqītiān)

중국어의 품사와 문장 구조

강의보기

1. 중국어의 품사

명사 名词	사람이나 사물의 명칭, 시간, 공간, 방위 개념 등을 나타낸다. 예 中国 중국 | 首尔 서울 | 公司 회사
대명사 代词	사람이나 사물을 대신 지칭하여 나타낸다. 예 你 너 | 这 이것 | 什么 어떤
동사 动词	동작, 행위, 존재 등을 나타낸다. 예 看 보다 | 喜欢 좋아하다 | 是 ~이다
조동사 助动词	동사 앞에 놓여 가능, 바람, 능력, 당위 등을 나타낸다. 예 要 ~하려고 하다 | 想 ~하고 싶다 | 可以 ~할 수 있다
형용사 形容词	사람 또는 사물의 성질이나 모습, 동작이나 행위의 상태를 나타낸다. 예 好 좋다 | 漂亮 예쁘다 | 大 크다
수사 数词	사물의 수량이나 순서를 나타낸다. 예 一 하나, 1 | 第一 첫 번째
양사 量词	사물의 수량이나 동작의 횟수를 나타낸다. 예 个 개 | 张 장 | 次 번, 차례
부사 副词	동사나 형용사를 수식하여 시간, 정도, 빈도, 범위, 상태 등을 나타낸다. 예 都 모두 | 很 매우 | 经常 자주
개사 介词	명사, 대명사 앞에 놓여 시간, 장소, 대상, 원인 등을 이끈다. 예 在 ~에서 | 从 ~부터 | 给 ~에게

접속사 连词	단어와 단어, 구와 구, 절과 절을 연결한다. 例 但是 그러나 | 所以 그래서 | 还是 아니면
조사 助词	단어나 구, 문장 끝에 와서 다양한 부가적 의미를 나타낸다. 例 的 ~의 | 吗 ~입니까 | 吧 ~하자
감탄사 叹词	기쁨, 놀람 ,슬픔, 분노 등의 감정을 나타낸다. 例 啊 아! | 哎呀 아이고 | 哦 오!
의성사 象声词	소리를 표현한다. 例 扑通 풍덩 | 咕噜 꼬르륵 | 叮当 댕그랑

2. 중국어의 문장성분

주어 主语	술어가 나타내는 동작이나 상태의 주체이다. 例 我叫秀英。 나는 수영입니다.
술어 谓语	주어를 서술, 설명하는 성분이다. 例 我是韩国人。나는 한국인입니다.
목적어 宾语	술어 뒤에 놓여 동작이나 행위의 대상이 되는 성분이다. 例 他去超市。그는 마트에 갑니다.
관형어 定语	주어와 목적어 앞에서 주로 명사를 수식하거나 제한하는 성분이다. 例 我哥哥 우리 오빠(형) | 我的衣服 나의 옷
부사어 状语	술어 앞에 놓여 술어를 수식하거나 제한하는 성분이다. 例 她经常吃麻辣烫。그녀는 자주 마라탕을 먹습니다.
보어 补语	술어 뒤에 놓여 술어를 보충 설명하는 성분이다. 例 我听懂了你的话。나는 당신의 말을 이해했습니다.

이 책의 표기법

■ 고유명사 및 인명

1 중국의 지명, 관광명소, 건물명 등은 중국어 발음을 한국어로 표기했습니다.

  예 北京 베이징 什刹海 스차하이 世贸天阶 스마오톈제

2 인명은 각 나라에서 사용하는 발음을 한국어로 표기했습니다.

  예 安迪 앤디(캐나다인) 李秀英 이수영(한국인)

3 다양한 한국어 발음으로 쓰이는 단어의 경우 하나로 통일해 표기했습니다.

  예 前门의 경우 치엔먼, 첸먼 모두 가능하지만 여기서는 치엔먼으로 표기

■ 품사 표기

명사	명	고유명사	고유	대명사	대
동사	동	조동사	조동	형용사	형
부사	부	수사	수	양사	양
개사	개	접속사	접	조사	조
감탄사	감				

지하철 TIP !

이 표현들만 알고 있으면 중국인들과 간단하게 인사할 수 있습니다.

你好！ Nǐ hǎo!	안녕! / 안녕하세요!	再见！ Zàijiàn!	잘 가! / 안녕히 가세요(계세요)!
嗨！ Hāi!	안녕!	拜拜！ Bàibai!	잘 가!
早上好！ Zǎoshang hǎo!	좋은 아침입니다!	晚安！ Wǎn'ān!	잘 자요! / 안녕히 주무세요!
不好意思。 Bù hǎo yìsi.	미안합니다.	没关系。 Méi guānxi.	괜찮습니다.
对不起。 Duì bu qǐ.	미안합니다.		

王府井
Wángfǔjǐng
왕푸징

01 → 团结湖

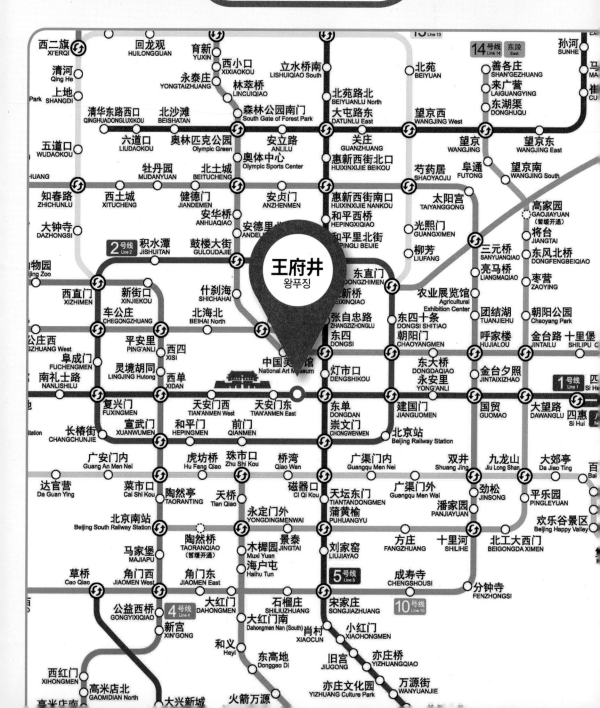

王府井
왕푸징

이번 역은 왕푸징입니다.

왕푸징역에는 왕푸징(王府井 Wángfǔjǐng)이라는 거리가 있는데요, 왕족과 귀족의 저택이 모인 곳에 우물이 있어 왕푸징으로 불리게 된 이곳은 베이징(北京 Běijīng) 시 중심에 위치한 거리로 쇼핑센터, 서점, 음식점, 카페 등이 즐비해 있으며 뿐만 아니라 왕푸징역 근처에는 구궁(故宫 Gùgōng), 텐안먼(天安门 Tiān'ānmén) 등 유명한 관광명소들도 있어서 베이징의 그 어느 곳보다 관광객들을 위한 다양한 호텔이 많은 곳이기도 합니다. 만약 번화가의 화려한 야경과 옛 명소들의 고요한 야경을 한눈에 보고 싶다면, 왕푸징역 근처의 호텔에서 하룻밤 묵어보는 건 어떨까요?

오늘은?

호텔 예약을 확인할 수 있습니다.

🎧 C1_01   이번 역의 포인트 단어입니다.

준비하기

好 hǎo 형 좋다

是 shì 동 ~이다

预订 yùdìng 명동 예약(하다)

了 le 조 동사 또는 형용사 뒤에 쓰여 동작이나 변화가 이미 완료되었음을 나타냄

在 zài 개 ~에(서)

吗 ma 조 문장 끝에서 의문을 나타냄

贵 guì 형 존경의 뜻을 나타내는 말

叫 jiào 동 ~라고 부르다

稍 shāo 부 조금, 약간

等 děng 동 기다리다

查 chá 동 조사하다

一下(儿) yíxià(r) 양 좀 ~하다

对 duì 형 맞다

的 de 조 '是'와 함께 쓰여 시간, 대상, 방법, 장소 등을 강조함

✓ 본문 대화 내용 중 이 문장만은 꼭 기억해 주세요!

호텔 이용하기 1 🎧 C1_02

A : ❶您好！预订了吗?
Nín hǎo! Yùdìng le ma?
안녕하세요! 예약하셨나요?

B : 对，❷是在网站预订的。
Duì, shì zài wǎngzhàn yùdìng de.
네. 인터넷에서 예약했습니다.

❶ '您 nín'은 '너, 당신'을 뜻하는 '你 nǐ'의 존칭 표현으로 상대방을 높여 말할 때 사용합니다.

❷ '是……的 shì……de' 강조 구문으로 '是 shì'와 '的 de' 사이에 시간, 대상, 방법, 장소 등 강조하고 싶은 대상을 넣어 말할 수 있습니다.

호텔 이용하기 2 🎧 C1_03

A : 您❸贵姓?
Nín guì xìng?
성(씨)이 어떻게 되세요?

B : 我姓李。
Wǒ xìng Lǐ.
이씨입니다.

❸ '贵 guì'는 원래 '귀하다'의 뜻을 가지고 있는 형용사인데요, 예외적으로 성씨를 물어볼 때 사용됩니다.

服务员　客人

❹你好！您预订了吗？
Nǐ hǎo! Nín yùdìng le ma?
안녕하세요! 예약하셨나요?

对，是在《❺携程》预订的。
Duì, shì zài <Xiéchéng> yùdìng de.
네, 〈씨트립〉에서 예약했어요.

❻您贵姓？
Nín guì xìng?
성(씨)이 어떻게 되세요?

我姓李，名字叫秀英。
Wǒ xìng Lǐ, míngzi jiào Xiùyīng.
저는 이씨고 이름은 수영입니다.

稍等，我查一下。
Shāo děng, wǒ chá yíxià.
잠시만요, 찾아볼게요.

好。
Hǎo.
네.

三天，双床对吗？
Sān tiān, shuāng chuáng duì ma?
3일 트윈룸 맞아요?

对。
Duì.
맞습니다.

是50❼1号房间，这是房卡。
Shì wǔ líng yāo hào fángjiān, zhè shì fángkǎ.
501호 방이에요, 이건 카드키입니다.

谢谢！
Xièxie!
감사합니다!

不客气。
Bú kèqi.
별말씀을요.

🎧 C1_04

단어 설명 33p

01 이름 묻고 답하기

우리에겐 익숙하지 않지만 중국에서는 상대방의 이름보다 성씨를 물을 때가 더 많습니다. 성씨를 묻는 것 자체를 이름을 묻는다고 생각하시면 됩니다. 그리고 성씨가 아닌 이름을 묻고 답할 때는 '~라고 부르다, ~라고 부른다'의 뜻을 가진 '叫 jiào'를 사용합니다.

- 您贵姓?
  Nín guì xìng?

  성(씨)이 어떻게 되세요?

- 我姓李。
  Wǒ xìng Lǐ.

  저는 이씨입니다.

- 你叫什么名字?
  Nǐ jiào shénme míngzi?

  이름이 어떻게 되세요?

- 我叫李秀英。
  Wǒ jiào Lǐ Xiùyīng.

  제 이름은 이수영입니다.

➕ 실제 회화에서는 완전한 문장이 아닌 몇몇 단어가 생략된 표현들을 더 자주 들을 수 있습니다.

- 叫什么名字?
  Jiào shénme míngzi?

  이름이 어떻게 되세요?

- 你叫什么?
  Nǐ jiào shénme?

02 완료를 나타내는 了

동태조사 '了 le'는 동사 뒤에 쓰여 동작의 완료를 나타내는데요, 이때 동사의 목적어와 동작의 횟수나 수량, 시간 범위 등은 '了 le' 뒤에 위치합니다.

- 我吃了。
  Wǒ chī le.

나는 먹었습니다.

- 他去了。
  Tā qù le.

그는 갔습니다.

- 我吃了一顿饭。
  Wǒ chī le yí dùn fàn.

나는 밥 한 끼를 먹었습니다.

- 他去了一趟北京。
  Tā qù le yí tàng Běijīng.

그는 베이징에 한 번 갔다 왔습니다.

03 의문문을 만드는 吗

중국어에는 의문문을 만드는 다양한 방법이 있는데요, 그중 가장 기본적인 방법으로 평서문 끝에
조사 '吗 ma'를 붙이면 간단하게 의문문을 만들 수 있습니다.

- 你吃。
  Nǐ chī.

당신은 먹습니다.

  你吃吗?
  Nǐ chī ma?

당신은 먹나요?

- 他去。
  Tā qù.

그는 갑니다.

  他去吗?
  Tā qù ma?

그는 가나요?

- 这是房卡。
  Zhè shì fángkǎ.

이것은 카드키입니다.

  这是房卡吗?
  Zhè shì fángkǎ ma?

이것은 카드키인가요?

04 ~이다 是

'是 shì'는 '~이다'라는 뜻을 가지고 있는 동사로 'A 是 shì B'라고 하면 'A는 B이다'라고 해석할 수 있습니다.

- 这是房间。
  Zhè shì fángjiān.   이것은 방입니다.

- 这是《携程》首页。
  Zhè shì <Xiéchéng> shǒuyè.   이것은 씨트립 홈페이지입니다.

- 那是酒店。
  Nà shì jiǔdiàn.   저것은 호텔입니다.

- 我是服务员。
  Wǒ shì fúwùyuán.   나는 종업원입니다.

그리고 '是 shì'는 조사 '的 de'와 함께 쓰여 표현을 강조하기도 하는데요, '是 shì'와 '的 de' 사이에 시간, 대상, 방법, 장소 등 강조하고 싶은 대상을 넣어 말할 수 있습니다.

- 是在北京预订的。
  Shì zài Běijīng yùdìng de.   베이징에서 예약한 거예요. (장소 강조)

- 是去年发生的。
  Shì qùnián fāshēng de.   작년에 일어난 거예요(일이에요). (시간 강조)

05 좀 ~하다 一下(儿)

'一下(儿)yíxià(r)'는 동사 뒤에 쓰여 가볍게 '좀 ~하다, 한번 ~해보다'라는 의미를 나타내며 약간 가벼운 뉘앙스로 말할 때 사용됩니다.

- 我看一下。
  Wǒ kàn yíxià.

  제가 좀 볼게요.

- 等一下。
  Děng yíxià.

  기다려 주세요.

- 你尝一下。
  Nǐ cháng yíxià.

  맛 좀 봐보세요.

- 我试一下。
  Wǒ shì yíxià.

  제가 한번 (시험) 해볼게요.

06 ~에(서) 在

'在 zài'가 개사(우리가 흔히 알고 있는 전치사)로 쓰인 경우 '~에(서)'라는 뜻을 나타내는데요, '在 zài +장소/시간+동사' 형식으로 쓰여 '~에(서) ~하다'로 해석될 수 있습니다.

- 我在酒店睡觉。
  Wǒ zài jiǔdiàn shuìjiào.

  나는 호텔에서 잠을 잡니다.

- 我在王府井逛街。
  Wǒ zài Wángfǔjǐng guàngjiē.

  나는 왕푸징에서 구경합니다.

- 他在北京学习。
  Tā zài Běijīng xuéxí.

  그는 베이징에서 공부합니다.

- 在去年发生了一件事。
  Zài qùnián fāshēng le yí jiàn shì.

  작년에 일이 하나 발생했습니다.

재미있는 여행을 위한 짧은 Tip

중국 호텔에서 wifi 비밀번호는 주로 '객실 번호+자신의 성씨'인 경우가 많은데요, 예를 들어 304호이고 '이(李)씨'라면 비밀번호는 '304li'가 됩니다. 하지만 중국 wifi를 쓰게 되면 가끔 한국 사이트 접속이 차단되어 메신저, SNS, 블로그, 웹페이지 등을 사용할 수 없습니다. 이 점 꼭 참고해 주세요!

01 음성을 반복적으로 들으며 성조를 표시하고 한국어 뜻도 함께 써 보세요.

🎧 C1_05

예시

∨ —
老师
선생님

☐☐
① 预定
_____

☐☐
② 网站
_____

☐☐
③ 名字
_____

☐☐
④ 谢谢
_____

☐☐☐
⑤ 不客气
_____

☐☐
⑥ 稍等
_____

02 다음 문장에 대한 병음과 한국어 뜻을 함께 써 보세요.

① 是在《携程》预订的。

(병음)

(한국어)

② 我姓李，名字叫秀英。

(병음)

(한국어)

③ 您预定了吗？

(병음)

(한국어)

03 다음 보기의 단어를 넣어 문장을 완성해 보세요.

보기 是　吗　一下　在　叫　了

1. 他去(　　)一次北京。
2. 我(　　)服务员。
3. 我试(　　)。
4. 我(　　)李秀英。
5. 你吃(　　)?
6. 他(　　)北京学习。

04 다음 단어를 조합하여 문장을 완성해 보세요.

1. 顿 / 吃 / 了 / 我 / 一 / 饭

_____

2. 这 / 吗 / 房卡 / 是

_____

3. 叫 / 你 / 什么 / 名字

_____

01 1 yùdìng 명동 예약(하다)   2 wǎngzhàn 명 웹 사이트   3 míngzi 명 이름
     4 xièxie 감사합니다   5 bú kèqi 별말씀을요   6 shāo děng 잠시만요

02 1 Shì zài <Xiéchéng> yùdìng de. 〈씨트립〉에서 예약했어요.
     2 Wǒ xìng Lǐ, míngzi jiào Xiùyīng. 저는 이씨고 이름은 수영입니다.
     3 Nín yùdìng le ma? 예약하셨나요?

03 1 了   2 是   3 一下   4 叫   5 吗   6 在

04 1 我吃了一顿饭。   2 这是房卡吗？   3 你叫什么名字？

🚂 설명(공부하기)

❹ '好 hǎo'는 '좋다'의 뜻을 가진 형용사로 '당신'을 뜻하는 '你 nǐ'와 함께 쓰여 '당신 좋나요', 즉 '안녕하세요'라는 인사말로 쓰입니다.

❺ '携程 Xiéchéng(Ctrip)'은 중국 최대 온라인 여행사입니다.

❻ 중국에서는 이름보단 성씨를 묻는 경우가 많습니다. 자기소개할 때도 성씨부터 말하는 습관이 있으니 참고해 주세요.

❼ 일반적인 숫자 '1'을 '一 yī'라고 읽고 발음하는데요, 방 번호 또는 전화번호를 말할 때는 '幺 yāo'라고 읽고 발음하기도 합니다.

我 wǒ	데 나, 저	你 nǐ	데 너, 당신	您 nín	데 당신, 귀하('你'의 존칭)
网站 wǎngzhàn	명 웹 사이트	姓 xìng	명 성(씨)	李 Lǐ	명 리(성)
携程 Xiéchéng	명 씨트립(업체명)	李秀英 Lǐ Xiùyīng	고유 이수영(인명)	名字 míngzi	명 이름
天 tiān	명 일(日)	双床(房) shuāng chuáng (fáng)	명 트윈룸	号 hào	명 번호
房间 fángjiān	명 방	这(个) zhè(ge)	데 이, 이것	房卡 fángkǎ	명 카드키
服务员 fúwùyuán	명 종업원	客人 kèrén	명 손님		

什么 shénme	데 어떤, 무엇	吃 chī	동 먹다	他 tā	데 그
去 qù	동 가다	顿 dùn	양 끼니	饭 fàn	명 밥
趟 tàng	양 번, 차례(사람이나 차의 왕래하는 횟수를 나타냄)			北京 Běijīng	고유 베이징(지명)
首页 shǒuyè	명 홈페이지	那(个) nà(ge)	데 저, 저것	酒店 jiǔdiàn	명 호텔
看 kàn	동 보다	尝 cháng	동 맛보다	试 shì	동 시험 삼아 해 보다
睡觉 shuìjiào	동 잠을 자다	王府井 Wángfǔjǐng	고유 왕푸징(지명)	逛街 guàngjiē	동 거리를 구경하며 돌아다니다
学习 xuéxí	동 공부하다	去年 qùnián	명 작년	发生 fāshēng	동 발생하다
件 jiàn	양 (옷, 문서 등을 세는 단위) 벌, 건			事 shì	명 일, 사건

추가표현

大饭店 dàfàndiàn	명 호텔	入住 rùzhù	동 체크인하다	退房 tuìfáng	동 체크아웃하다
押金 yājīn	명 보증금	预授权 yùshòuquán	명 사전 승인 대금	国籍 guójí	명 국적
房间号码 fángjiān hàomǎ	명 객실번호	签名 qiānmíng	명동 서명(하다)	费用 fèiyòng	명 비용, 지출
早餐 zǎocān	명 조식	密码 mìmǎ	명 비밀번호	叫醒服务 jiàoxǐngfúwù	명 모닝콜 서비스
干洗 gānxǐ	명동 드라이클리닝(하다)	被子 bèizi	명 이불	毛巾 máojīn	명 수건
床罩(儿) chuángzhào(r)	명 침대 커버	商务中心 shāngwùzhōngxīn	명 비즈니스 센터	游泳池 yóuyǒngchí	명 수영장
前台 qiántái	명 프론트	打扫 dǎsǎo	동 청소하다		

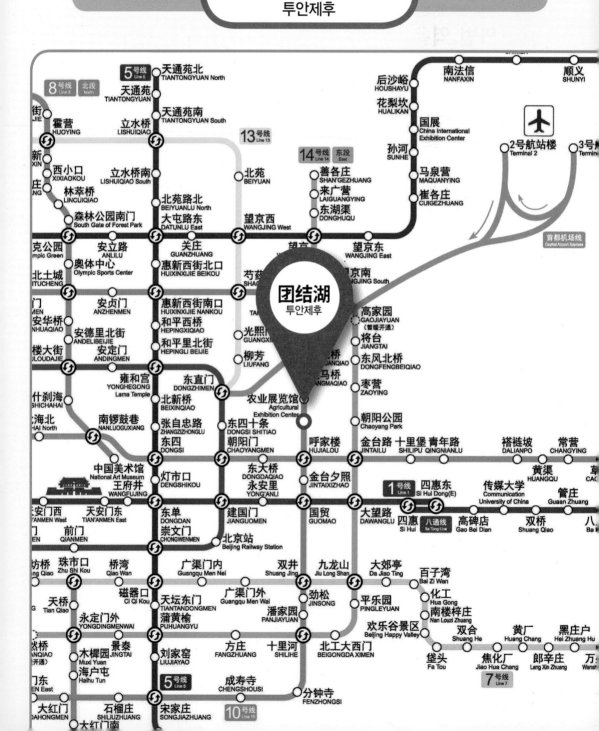

외국 친구를 만날 수 있는

이번 역은 투안제후입니다.

서울의 이태원 같은 이국적인 분위기를 느껴보고 싶다면 싼리툰(三里屯 Sānlǐtún)을 추천합니다! 싼리툰은 투안제후(团结湖 Tuánjiéhú)역에서 약 1km 정도 떨어져 있는 거리로 인근에 있는 각국 대사관의 영향으로 자연스럽게 외국인들의 거주지가 몰리면서 중국 전통적인 모습과는 다른 이국적인 모습의 노천카페, 바(Bar), '싼리툰 빌리지' 같은 트렌디한 쇼핑센터가 들어선 고급스러운 분위기의 쇼핑 · 문화 공간으로 떠오른 명소입니다.

오늘은?

자기소개를 할 수 있습니다.

🎧 C2_01

준비하기　　　이번 역의 포인트 단어입니다.

会 huì 조동 (배워서) ～할 수 있다, ～할 줄 안다

说 shuō 동 말하다, 이야기하다

不 bù 부 동사 · 형용사와 다른 부사의 앞에 쓰여 부정을 표시함

那(么) nà(me) 접 그러면, 그렇다면

来 lái 동 오다

很 hěn 부 매우, 아주

高兴 gāoxìng 형 기쁘다, 즐겁다

认识 rènshi 동 알다, 인식하다

也 yě 부 ～도, ～도 또한

√ 본문 대화 내용 중 이 문장만은 꼭 기억해 주세요!

자기소개하기 1 🎧 C2_02

A : 你是哪国人?
Nǐ shì nǎ guó rén?
어느 나라 사람이세요?

B : 我是韩国人。
Wǒ shì Hánguó rén.
저는 한국인입니다.

자기소개하기 2 🎧 C2_03

A : 你好！我❶是安迪。
Nǐ hǎo! Wǒ shì Ān Dí.
안녕하세요! 저는 앤디라고 합니다.

B : 你好！我是秀英。
Nǐ hǎo! Wǒ shì Xiùyīng.
안녕하세요! 저는 수영이에요.

❶ 이름을 말할 때 '～라고 부르다'의 뜻을 가진 '叫 jiào' 말
고 '～이다'의 뜻을 가진 '是 shì'를 쓰기도 합니다.

安迪　　秀英

你好！我是安迪。
Nǐ hǎo! Wǒ shì Ān Dí.
안녕하세요! 저는 앤디라고 합니다.

你好！我是秀英。
Nǐ hǎo! Wǒ shì Xiùyīng.
안녕하세요! 저는 수영이에요.

你会说❷汉语吗?
Nǐ huì shuō Hànyǔ ma?
중국어 할 줄 아세요?

❸会说，会说。
Huì shuō, huì shuō.
할 수 있어요.

你是哪国人?
Nǐ shì nǎ guó rén?
어느 나라 사람이에요?

我是韩国人。 你是美国人吗?
Wǒ shì Hánguó rén. Nǐ shì Měiguó rén ma?
저는 한국인이에요. 당신은 미국인인가요?

我不是美国人。
Wǒ búshì Měiguó rén.
저 미국인 아니에요.

那你是哪儿来的?
Nà nǐ shì nǎr lái de?
그럼 어디서 오셨어요?

我是加拿大来的。
Wǒ shì Jiānádà lái de.
저는 캐나다에서 왔어요.

很高兴认识你！
Hěn gāoxìng rènshi nǐ!
만나서 반가워요!

认识你我也很高兴！
Rènshi nǐ wǒ yě hěn gāoxìng!
저도 반가워요!

01 ~할 줄 안다 会

'会 huì'는 학습을 통해 '~할 줄 안다, 할 수 있다'를 나타내는 조동사로 동사 앞에서 동사를 도와
주는 역할을 합니다.

- 我会说英语。
  Wǒ huì shuō Yīngyǔ.

  나는 영어를 할 수 있습니다.

- 我会游泳。
  Wǒ huì yóuyǒng.

  나는 수영을 할 수 있습니다.

- 我会骑自行车。
  Wǒ huì qí zìxíngchē.

  나는 자전거를 탈 수 있습니다.

➕ 조동사 '会 huì'의 부정형은 앞에 부정부사 '不 bù'를 붙여 나타내며 이때 '会 huì'가 4성
   이기 때문에 '不 bù'는 '不 bú'로 바꿔 말합니다.

- 我不会说英语。
  Wǒ bú huì shuō Yīngyǔ.

  나는 영어를 할 줄 모릅니다.

- 我不会游泳。
  Wǒ bú huì yóuyǒng.

  나는 수영을 할 줄 모릅니다.

- 我不会骑自行车。
  Wǒ bú huì qí zìxíngchē.

  나는 자전거를 탈 줄 모릅니다.

02 의문대명사 哪(个)/哪儿

'哪(个) nǎ(ge)'는 '어느, 어떤' 등을 나타내는 의문대명사이고, '哪儿 nǎr'는 '어디, 어느 곳'을 나타내는 의문대명사로 두 단어 모두 의문대명사이기 때문에 의문을 나타내는 어기조사 '吗 ma' 없이도 의문문을 만들 수 있습니다.

- 哪个房间?
  Nǎ ge fángjiān?

  어느 방인가요?

- 哪个酒店?
  Nǎ ge jiǔdiàn?

  어느 호텔인가요?

- 李秀英是哪位?
  Lǐ Xiùyīng shì nǎ wèi?

  어느 분이 이수영 씨인가요?

- 你去哪儿?
  Nǐ qù nǎr?

  어디 가세요?

03 (~이) 아니다 不是

'不是 búshì'는 '～(이) 아니다'라는 의미로 '～이다', '是 shì'의 부정 표현입니다.

- 我不是安迪。
  Wǒ búshì Ān Dí.

  나는 앤디가 아닙니다.

- 我不是中国人。
  Wǒ búshì Zhōngguó rén.

  나는 중국인이 아닙니다.

- 他不是加拿大人。
  Tā búshì Jiānádà rén.

  그는 캐나다인이 아닙니다.

- 她不是老师。
  Tā búshì lǎoshī.

  그녀는 선생님이 아닙니다.

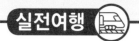
04 그러면, 그렇다면 那(么)

'那(么) nà(me)'는 앞서 말한 사실이나 가정에 의한 어떤 결과나 판단을 이끌어 낼 때 사용합니다.

A : **我不是中国人。**
Wǒ búshì Zhōngguó rén.

저는 중국인이 아닙니다.

B : **那(么)你是哪国人?**
Nà(me) nǐ shì nǎ guó rén?

그렇다면 당신은 어느 나라 사람인가요?

A : **我不是李秀英。**
Wǒ búshì Lǐ Xiùyīng.

저는 이수영이 아닙니다.

B : **那(么)您是...?**
Nà(me) nín shì... ?

그럼 당신은...(누구인가요)?

05 매우, 아주 很

'很 hěn'은 부사로 '매우, 아주'의 뜻을 가지고 있지만 습관적으로 형용사 앞에 붙여 사용될 때는 '매우, 아주'라고 해석되지 않습니다. 예를 들어 '그녀는 예쁘다'는 표현은 습관적으로 '她漂亮(Tā piàoliang)。'이라고 하지 않고 '她很漂亮(Tā hěn piàoliang)。'이라고 합니다.

· **很远。**
Hěn yuan.

멉니다.

· **很好吃。**
Hěn hǎochī.

맛있습니다.

· **我很好。**
Wǒ hěn hǎo.

나는 잘 지냅니다.

· **他很聪明。**
Tā hěn cōngming.

그는 똑똑합니다.

06 ~도, 또한 也

'也 yě'는 '~도, 또한, 역시' 등의 뜻을 가지고 있는 부사로 주어 뒤 동사/동사구 앞에 씁니다.

- 我也很好。
  Wǒ yě hěn hǎo.

  나도 잘 지냅니다.

- 我也是韩国人。
  Wǒ yě shì Hánguó rén.

  나도 한국인입니다.

- 她也会说汉语。
  Tā yě huì shuō Hànyǔ.

  그녀 역시 중국어를 할 줄 압니다.

- 他也会游泳。
  Tā yě huì yóuyǒng.

  그 역시 수영을 할 줄 압니다.

재미있는 여행을 위한 짧은 Tip ─────────────

중국에서 외래어를 표기할 때는 음만 살리거나, 뜻만 살리거나 아니면 음과 뜻을 같이 살려 표현하는 방법이 있는데요, 이름을 표현할 때는 대부분 음만 살려 비슷한 음이 나는 한자로 표현합니다.

- 음만 살린 경우: 咖啡 kāfēi 커피

- 뜻만 살린 경우
  : 汉堡王 hànbǎowáng 버거킹
  (햄버거 왕이라는 뜻)

- 음과 뜻을 살린 경우
  : 可口可乐 kěkǒu kělè 코카콜라

01 음성을 반복적으로 들으며 성조를 표시하고 한국어 뜻도 함께 써 보세요.

🎧 C2_05

예시

ˇ —
老师
선생님

☐☐
① 高兴

_____

☐☐
② 认识

_____

☐☐
③ 韩国

_____

☐☐
④ 美国

_____

☐☐☐
⑤ 加拿大

_____

☐☐
⑥ 汉语

_____

02 다음 문장에 대한 병음과 한국어 뜻을 함께 써 보세요.

① 你是哪国人？

(병음)

(한국어)

② 我不是美国人。

(병음)

(한국어)

③ 你会说汉语吗？

(병음)

(한국어)

03   다음 보기의 단어를 넣어 문장을 완성해 보세요.

> 보기   那   也   哪   不是   很   会

1. 我(　　)安迪。
2. 李秀英是(　　)位？
3. 他(　　)聪明。
4. 她(　　)会说汉语。
5. (　　)您贵姓？
6. 我(　　)骑自行车。

04   다음 단어를 조합하여 문장을 완성해 보세요.

1. 说 / 我 / 英语 / 会

_____

2. 加拿大 / 不是 / 人 / 他

_____

3. 也 / 是 / 我 / 韩国人

_____

🚄 정답

01 　**1** gāoxìng [형] 기쁘다, 즐겁다　　**2** rènshi [동] 알다, 인식하다　　**3** Hánguó [고유] 한국
　　　　4 Měiguó [고유] 미국　　　　　**5** Jiānádà [고유] 캐나다　　**6** Hànyǔ [명] 중국어

02 　**1** Nǐ shì nǎ guó rén? 어느 나라 사람이세요?
　　　　2 Wǒ búshì Měiguó rén. 저 미국인 아니에요.
　　　　3 Nǐ huì shuō Hànyǔ ma? 중국어 할 줄 아세요?

03 　**1** 不是　　**2** 哪　　**3** 很　　**4** 也　　**5** 那　　**6** 会

04 　**1** 我会说英语。　　**2** 他不是加拿大人。　　**3** 我也是韩国人。

🚄 설명(공부하기)

❷ '중국어'는 한자 그대로 '中国语'라고 할 것 같지만, '한족(汉族)이 쓰는 언어'라고 해서 '汉语 Hànyǔ'라고 표현합니다.

❸ 중국 사람들은 간단한 대답을 할 때 습관적으로 반복해서 표현합니다. 예를 들어 '감사합니다'는 '谢谢谢谢 xièxie xièxie', '맞아요'는 '对对对对 duì duì duì duì' 처럼 연속해서 빠르게 대답 합니다.

哪 nǎ 　대 어느, 어떤　国 guó 　명 국가, 나라　人 rén 　명 사람
韩国 Hánguó 　고유 한국　安迪 Ān Dí 　고유 앤디(인명)　汉语 Hànyǔ 　명 중국어
美国 Měiguó 　고유 미국　哪儿 nǎr 　대 어디, 어느 곳　加拿大 Jiānádà 　고유 캐나다

英语 Yīngyǔ 　명 영어　游泳 yóuyǒng 　명동 수영(하다)　自行车 zìxíngchē 　명 자전거
骑 qí 　동 (동물이나 자전거 등에 다리를 벌리고) 타다　位 wèi 　양 (사람을 셀 때)분, 명
中国 Zhōngguó 　고유 중국　她 tā 　대 그녀　老师 lǎoshī 　명 선생님
远 yuǎn 　형 멀다　好吃 hǎochī 　형 맛있다　聪明 cōngming 　형 똑똑하다

印度 Yìndù 　고유 인도　土耳其 Tǔ'ěrqí 　고유 터키　西班牙 Xībānyá 　고유 스페인
意大利 Yìdàlì 　고유 이탈리아　日本 Rìběn 　고유 일본　越南 Yuènán 　고유 베트남
泰国 Tàiguó 　고유 태국　法国 Fǎguó 　고유 프랑스　德国 Déguó 　고유 독일
咖喱 gālí 　명 카레　土耳其烤肉 Tǔ'ěrqí kǎoròu 　명 케밥　比萨 bǐsà 　명 피자
西班牙大锅饭 Xībānyá dàguōfàn 　명 파에야　寿司 shòusī 　명 초밥
越南河粉 Yuènán hé fěn 　명 베트남 쌀국수　冬荫功汤 dōngyīngōngtāng 　명 똠얌꿍　马卡龙 mǎkǎlóng 　명 마카롱
德国面包圈 Déguó miànbāoquān 　명 브레첼

北京大学东门

团结湖 → 03 Běijīng Dàxué Dōngmén → 雍和宫

베이징따쉐둥먼

중국 최고의 대학들이 모여 있는
이번 역은 베이징따쉐둥먼입니다.

베이징따쉐둥먼(北京大学东门 Běijīng Dàxué Dōngmén)역은 중국 최고의 대학교인 베이징 대학교(北京大学 Běijīng Dàxué)와 칭화대학교(清华大学 Qīnghuá Dàxué) 사이에 있는 역 으로 멀지 않은 곳에 런민대학교(人民大学 Rénmín Dàxué)와 베이징위엔대학교(北京语言 大学 Běijīng Yǔyán Dàxué)도 있어서 중국의 대학생들과 친구가 되고 싶다면 바로 이곳을 추 천합니다!

오늘은?

길을 묻고 답할 수 있습니다.

🎧 C3_01　　이번 역의 포인트 단어입니다.
준비하기

走 zǒu 툉 가다

一直 yìzhí 뷔 계속해서, 곧바로

往 wǎng 개 ~로 향해

离 lí 개 ~로부터, ~에서

远 yuǎn 톙 멀다

请 qǐng 툉 부탁하다, 상대방에게 어떤 일을 부탁하 거나 권할 때 쓰는 경어

太 tài 뷔 너무, 매우

问 wèn 툉 묻다, 질문하다

到 dào 툉 도착하다

拐 guǎi 툉 방향을 바꾸다

就是 jiù shì 바로 ~이다

呢 ne 조 문장 끝에서 의문문을 만듦

在 zài 툉 ~에 있다

✓ 본문 대화 내용 중 이 문장만은 꼭 기억해 주세요!

길 묻기 1 🎧 C3_02

A : **❶北京大学怎么走?**
Běijīng Dàxué zěnme zǒu?

베이징대학교는 어떻게 가나요?

B : **一直往❷前走。**
Yìzhí wǎng qián zǒu.

계속 직진하시면 됩니다.

❶ '北京大学 Běijīng Dàxué'는 중국 최고의 명문 대학교 중 한 곳으로 줄여서 '北大 Běi Dà'라고 부르기도 합니다.

❷ '뒤'는 '后 hòu'라고 합니다.

길 묻기 2 🎧 C3_03

A : **离这儿远吗?**
Lí zhèr yuǎn ma?

여기서 먼가요?

B : **不太远。**
Bú tài yuǎn.

별로 멀지 않아요.

秀英 　大学生

请问北京大学怎么走?
Qǐng wèn Běijīng Dàxué zěnme zǒu?
말씀 좀 여쭐게요, 베이징대학교는 어떻게 가나요?

一直往前走，到了十字路口往
❸左拐就是。
Yìzhí wǎng qián zǒu, dào le shízì lùkǒu
wǎng zuǒ guǎi jiù shì.
계속 직진하시다가 사거리에서 왼쪽으로 꺾으시면
됩니다.

那❹清华大学呢?
Nà Qīnghuá Dàxué ne?
그럼 칭화대학교는요?

清华大学在北大对面。
Qīnghuá Dàxué zài Běi Dà duìmiàn.
칭화대학교는 베이징대학교 맞은편에 있어요.

离这儿远吗?
Lí zhèr yuǎn ma?
여기서 먼가요?

不太远。
Bú tài yuǎn.
별로 멀지 않아요.

❺好，谢谢！
Hǎo, xièxie!
네, 감사합니다!

❻不用谢。
Bú yòng xiè.
별말씀을요.

∩ C3_04

01 정중히 부탁하거나 권할 때 쓰는 请

'请 qǐng'은 무언가를 정중히 부탁하거나 혹은 무언가를 권할 때 문장 맨 앞에 쓰는 경어로 '～해 주세요, 실례지만 ～부탁드립니다' 등으로 다양하게 해석될 수 있습니다.

- 请坐。
  Qǐng zuò.

  앉으세요.

- 请慢走。
  Qǐng màn zǒu.

  조심히 가세요.

- 请快点儿。
  Qǐng kuài diǎnr.

  조금만 서둘러 주세요.

- 请问一下。
  Qǐng wèn yíxià.

  여쭤볼 게 있습니다.

- 请稍等。
  Qǐng shāo děng.

  잠시만 기다려 주세요.

02 의문대명사 怎么

'怎么 zěnme'는 상황이나 방식, 원인 등을 묻는 의문대명사로 상황에 따라 '왜, 어째서, 어떻게' 등으로 다양하게 해석될 수 있습니다. 의문대명사는 의문대명사 자체가 의문을 나타내기 때문에 '吗 ma'는 쓰지 않습니다.

- 这个怎么吃?
  Zhège zěnme chī?

  이거 어떻게 먹나요?

- 汉语怎么说?
  Hànyǔ zěnme shuō?

  중국어로 어떻게 말하나요?

- 清华大学怎么走?
  Qīnghuá Dàxué zěnme zǒu?

  칭화대학교는 어떻게 가나요?

- 他怎么不来?
  Tā zěnme bù lái?

  그는 왜 오지 않나요?

03　생략이 가능한 의문문을 만드는 呢

'呢'는 문장 끝에 쓰여 의문문을 만드는 어기조사로 상황에 따라 문장을 생략하고 물을 때, 혹은 상대의 질문에 대해 답하고 같은 질문을 되물을 때 그 문장 대신 '呢 ne'를 써서 표현할 수 있습니다.

⊕ 상대방과 상황을 공유하고 뒷 질문을 생략하여 표현할 때

- 爸爸呢?
  Bàba ne?

  아빠는요?(아빠는 어디에 계시나요?)
  • 괄호 안 내용은 예시로 상황에 따라 질문은 달라집니다.

- 男朋友呢?
  Nánpéngyou ne?

  남자친구는요?(남자친구도 왔나요?)

- 我的钱包呢?
  Wǒ de qiánbāo ne?

  내 지갑은요?(내 지갑은 어디에 뒀나요?)

⊕ 상대의 질문에 대해 답하고 같은 질문을 되물을 때

- 我不是韩国人，你呢?
  Wǒ búshì Hánguó rén, nǐ ne?

  나는 한국인이 아닙니다. 당신은요?
  (당신은 어느 나라 사람인가요?)

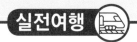
04 ~에 있다 在

개사 '在 zài'는 '~에서'의 뜻을 나타내지만 동사 '在 zài'는 '~에 있다'라는 존재를 나타내며 '사람/사물+ 在 zài +장소' 형식으로 씁니다.

· 妈妈在家。
  Māma zài jiā.

엄마는 집에 있습니다.

· 他在超市。
  Tā zài chāoshì.

그는 슈퍼마켓에 있습니다.

· 酒店在地铁站对面。
  Jiǔdiàn zài dìtiězhàn duìmiàn.

호텔은 지하철 맞은편에 있습니다.

· 超市在银行旁边。
  Chāoshì zài yínháng pángbiān.

슈퍼마켓은 은행 옆에 있습니다.

05 ~로 부터 离

'离 lí'는 공간적 또는 시간적 거리의 기준이 되어 그 기준과의 거리를 표현할 때 쓰는 개사로 '~로부터, ~에서' 등으로 해석될 수 있습니다.

· 离这儿很远。
  Lí zhèr hěn yuǎn.

여기에서 멀어요.

· 离地铁站很近。
  Lí dìtiězhàn hěn jìn.

지하철역에서 가까워요.

· 离超市不远。
  Lí chāoshì bù yuǎn.

슈퍼마켓에서 멀지 않아요.

· 离酒店不远。
  Lí jiǔdiàn bù yuǎn.

호텔에서 멀지 않아요.

06 그다지 ~하지 않다 不太

'太 tài'는 원래 '너무, 아주, 매우' 등의 의미를 가지고 있는 부사인데요, 이 단어가 부정부사 '不 bù'와 만나게 되면 '그다지 ~하지 않다'라는 의미가 됩니다.

· 这个菜不太好吃。
  Zhège cài bú tài hǎochī.

  이 요리는 그다지 맛있지 않습니다.

· 这个不太好看。
  Zhège bú tài hǎokàn.

  이건 그다지 예쁘지 않습니다.
  (이건 그다지 재밌지 않습니다.)

· 离这儿不太远。
  Lí zhèr bú tài yuǎn.

  여기에서 그다지 멀지 않습니다.

· 交通不太方便。
  Jiāotōng bú tài fāngbiàn.

  교통이 그다지 좋지 않습니다.

재미있는 여행을 위한 짧은 Tip

우리는 길을 설명할 때, 동서남북을 기준으로 말하는 일이 거의 없는데요, 중국에서 길을 물어보면 '동쪽으로 가시다가' 혹은 '남쪽으로 가시다 보면' 등 동서남북을 기준으로 길을 설명해 주는 경우가 있습니다. 그렇기 때문에 앞, 뒤, 옆뿐만 아니라 동서남북도 중국어로 어떻게 말하는지 알고 계시면 좋습니다.

01 음성을 반복적으로 들으며 성조를 표시하고 한국어 뜻도 함께 써 보세요.

🎧 C3_05

예시

ˇ —
老师
선생님

① 一直

② 怎么

③ 请问

④ 对面

⑤ 不太远

⑥ 北大

02 다음 문장에 대한 병음과 한국어 뜻을 함께 써 보세요.

① 北京大学怎么走?

(병음)

(한국어)

② 清华大学在北大对面。

(병음)

(한국어)

③ 一直往前走。

(병음)

(한국어)

03 다음 보기의 단어를 넣어 문장을 완성해 보세요.

> 보기 不太　离　在　呢　怎么　请

1. 汉语(　　)说？
2. 酒店(　　)地铁站对面。
3. 交通(　　)方便。
4. (　　)问一下。
5. (　　)地铁站很近。
6. 我的钱包(　　)？

04 다음 단어를 조합하여 문장을 완성해 보세요.

1. 在 / 他 / 超市

_____

2. 不 / 酒店 / 离 / 远

_____

3. 怎么 / 他 / 来 / 不

_____

정답

01 ① yìzhí 부 계속해서, 곧바로 ② zěnme 대 어떻게, 어째서, 왜 ③ qǐng wèn 실례지만
④ duìmiàn 명 맞은편 ⑤ bú tài yuǎn 별로 멀지 않다 ⑥ Běi Dà 베이징대학교

02 ① Běijīng Dàxué zěnme zǒu? 베이징대학교는 어떻게 가나요?
② Qīnghuá Dàxué zài Běi Dà duìmiàn. 칭화대학교는 베이징대학교 맞은편에 있어요.
③ Yìzhí wǎng qián zǒu. 계속 직진하시면 됩니다.

03 ① 怎么 ② 在 ③ 不太 ④ 请 ⑤ 离 ⑥ 呢

04 ① 他在超市。 ② 离酒店不远。 ③ 他怎么不来？

설명(공부하기)

❸ '오른쪽'은 '右 yòu'라고 합니다.

❹ '清华大学 Qīnghuá Dàxué'는 '北大 Běi Dà'와 중국에서 1, 2위를 다투는 최고의 명문 대학교 중 한 곳입니다.

❺ '好 hǎo'는 원래 '좋다'라는 뜻을 가진 형용사이지만, '네, 알겠습니다' 등의 대답으로도 사용할 수 있습니다.

❻ '谢谢 xièxie'에 대한 대답은 '不客气 bú kèqi' 또는 '不用谢 bú yòng xiè'라고 합니다.

北京大学 Běijīng Dàxué　명 베이징대학교

怎么 zěnme　대 어떻게, 어째서, 왜

前 qián　명 앞

这儿 zhèr　대 여기, 이곳

十字路口 shízìlùkǒu　명 사거리

左 zuǒ　명 왼쪽

清华大学 Qīnghuá Dàxué　명 칭화대학교

对面 duìmiàn　명 맞은편

大学生 dàxuéshēng　명 대학생

坐 zuò　동 앉다

慢 màn　형 느리다

爸爸 bàba　명 아빠, 아버지

男朋友 nánpéngyou　명 남자친구

的 de　조 ~의

钱包 qiánbāo　명 지갑

妈妈 māma　명 엄마, 어머니

家 jiā　명 집

超市 chāoshì　명 슈퍼마켓

地铁站 dìtiězhàn　명 지하철

银行 yínháng　명 은행

旁边 pángbiān　명 옆, 옆쪽

近 jìn　형 가깝다

菜 cài　명 요리, 음식

喜欢 xǐhuan　동 좋아하다

交通 jiāotōng　명 교통

方便 fāngbiàn　형 편리하다

好看 hǎokàn　형 예쁘다, 재미있다

东边 dōngbian　명 동쪽

西边 xībian　명 서쪽

南边 nánbian　명 남쪽

北边 běibian　명 북쪽

右边 yòubiān　명 오른쪽

左边 zuǒbiān　명 왼쪽

前边(前面) qiánbian (qiánmiàn)　명 앞쪽

后边(后面) hòubian (hòumiàn)　명 뒤쪽

方向 fāngxiàng　명 방향

红绿灯 hónglǜdēng　명 신호등

人行横道 rénxíng héngdào　명 횡단보도

人行道 rénxíngdào　명 인도

天桥 tiānqiáo　명 육교

地下街 dìxiàjiē　명 지하도

过马路 guò mǎlù　길을 건너다

雍和宫

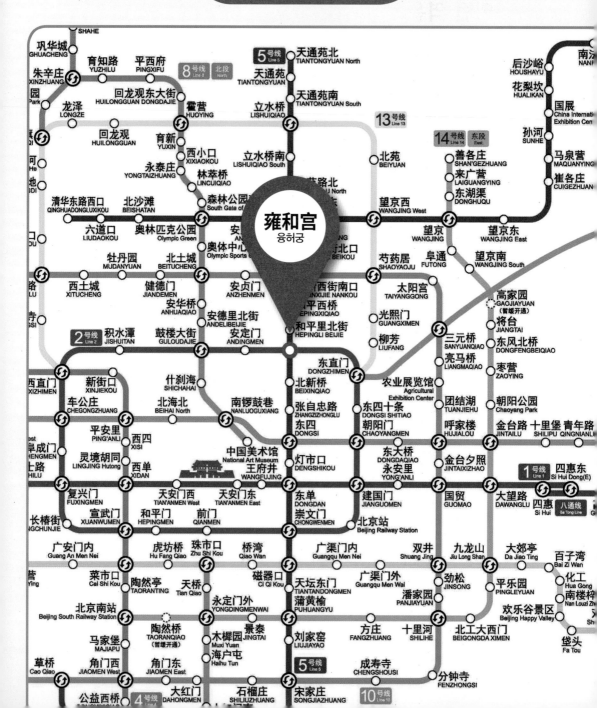

융허궁(雍和宮 Yōnghégōng)역 근처에는 베이징 최대의 티베트 불교 사원인 융허궁이 있는데요, 이곳에는 향을 피우고 소원을 빌 수 있는 불당이 있어 매년 많은 사람들이 찾고 있습니다. 또한 최근 융허궁 근처에 다양한 카페들이 생겨나면서 중국 특유의 정취를 느낄 수 있는 카페 골목이 형성되어 여행자들의 관심을 끌고 있는데요, 이곳에는 광둥요리로 유명한 진딩쉬엔(金鼎軒 Jīndǐngxuān) 또한 자리 잡고 있어서 용허궁역에 간다면 진딩쉬엔의 딤섬과 카페 골목의 차 한 잔은 필수 코스라 할 수 있습니다.

오늘은?

음식을 주문할 수 있습니다.

🎧 C4_01　　이번 역의 포인트 단어입니다.

준비하기

要 yào 조동 ~하려고 하다

点 diǎn 동 주문하다

来 lái 동 (구체적인 동사를 대신하여 어떤 동작·행동을) 하다

碗 wǎn 양 (주발, 그릇 등을 세는 단위) 그릇, 사발

马上 mǎshàng 부 곧, 즉시

过 guò 동 지나다

和 hé 접 ~와, ~과

份 fèn 양 (한 세트를 이루는 것을 세는 단위) 인분, 접시

还 hái 부 또, 더

有 yǒu 동 있다, ~을 가지고 있다

瓶 píng 양 (병 등을 세는 단위) 병

✓ 본문 대화 내용 중 이 문장만은 꼭 기억해 주세요!

음식 주문하기 1　🎧 C4_02

A : ❶服务员，❷我要点菜！
Fúwùyuán, wǒ yào diǎn cài!
저기요. 주문할게요!

B : 请稍等。
Qǐng shāo děng.
잠시만 기다려 주세요.

❶ '服务员 fúwùyuán'은 '종업원'이라는 뜻인데요, 우리가 식당가서 '저기요'라고 하는 것처럼 중국 사람들은 '服务员 fúwùyuán'이라고 외칩니다.

❷ '주문할게요'라는 말은 그냥 '点菜 diǎn cài'라고만 하셔도 됩니다!

음식 주문하기 2　🎧 C4_03

A : 要点菜吗?
Yào diǎn cài ma?
주문하시겠어요?

B : 来一碗担担面。
Lái yì wǎn dàndànmiàn.
단단몐 하나 주세요.

服务员，我要点菜！
Fúwùyuán, wǒ yào diǎn cài!
저기요, 주문할게요!

请稍等，马上过去。
Qǐng shāo děng, mǎshàng guò qù.
잠시만 기다려 주세요. 곧 갈게요.

❸好的。
Hǎo de.
알겠습니다.

要点菜吗?
Yào diǎn cài ma?
주문하시겠어요?

来一碗担担面和一份虾饺。
Lái yì wǎn dàndànmiàn hé yí fèn xiājiǎo.
단단몐 하나랑 샤자오 하나 주세요.

还要别的吗?
Hái yào biéde ma?
더 필요한 거 있으세요?

有啤酒吗?
Yǒu píjiǔ ma?
맥주 있나요?

有，我们这儿有啤酒和红酒。
Yǒu, wǒmen zhèr yǒu píjiǔ hé hóngjiǔ.
있어요. 저희는 맥주와 와인이 있습니다.

来一瓶❹燕京啤酒。
Lái yì píng yānjīng píjiǔ.
옌징 맥주 한 병 주세요.

好的。
Hǎo de.
알겠습니다.

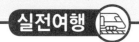

단어 설명 69p

01 ~하려 하다 要

조동사 '要 yào'는 '의지, 바람' 등을 나타내며 이때 '要 yào'는 조동사이기 때문에 반드시 동사 앞에 위치합니다.

- 我要买矿泉水。
  Wǒ yào mǎi kuàngquánshuǐ.

  나는 생수를 사려고 합니다.

- 我要去北京大饭店。
  Wǒ yào qù Běijīng Dàfàndiàn.

  나는 베이징호텔에 가려고 합니다.

- 我要看这个。
  Wǒ yào kàn zhège.

  저는 이걸 보려고 합니다.

- 我要预订房间。
  Wǒ yào yùdìng fángjiān.

  저는 방을 예약하려고 합니다.

02 사람+这儿/那儿 = 장소화

한국어로 '우리가 있는 이곳, 선생님이 계신 그곳' 등 사람과 지시대명사를 함께 써서 어떤 구체적인 장소를 나타낼 수 있듯 중국어로도 '사람+这儿/那儿 zhèr/nàr' 형식으로 장소화하여 말할 수 있습니다.

- 我们这儿有名牌。
  Wǒmen zhèr yǒu míngpái.

  우리는 브랜드를 가지고 있습니다.

- 我要去朋友那儿。
  Wǒ yào qù péngyou nàr.

  친구가 있는 그곳으로 가려고 합니다.

- 离我们这儿很近。
  Lí wǒmen zhèr hěn jìn.

  우리가 있는 이곳에서 가깝습니다.

- 离他们那儿不太远。
  Lí tāmen nàr bú tài yuǎn.

  그들이 있는 그곳에서 그다지 멀지 않습니다.

62 / 63　雍和宫 융허궁

03 (어떤 동작·행동을) 하다 来

'来 lái'는 기본적으로 '오다'라는 뜻으로 자주 쓰이는데요, 이 밖에도 '어떤 동작이나 행동을 하다'
라는 의미를 가지고 구체적인 동사를 대체하여 사용할 때도 쓸 수 있습니다.

➕ '오다'라는 의미를 나타낼 때

- 他要来北京。   그는 베이징에 오려고 합니다.
  Tā yào lái Běijīng.

- 他不来。   그는 오지 않습니다.
  Tā bù lái.

➕ '하다'라는 의미를 나타낼 때

- 你来吧。   당신이 하세요.
  Nǐ lái ba.

04 더, 게다가 还

'还 hái'는 '또, 더, 게다가'라는 의미를 가지고 있으며 이때는 수량이나 범위가 확대 또는 증가되
는 것을 나타냅니다.

- 还要买什么?   무엇을 더 사시겠어요?
  Hái yào mǎi shénme?

- 还要收服务费。   그리고 서비스 비용도 받습니다.
  Hái yào shōu fúwùfèi.

- 还有什么事吗?   또 무슨 일이 있나요?
  Hái yǒu shénme shì ma?

- 还有别的吗?   다른 것이 더 있나요?
  Hái yǒu biéde ma?

 실전여행

단어 설명 69p

05 중국어 양사

중국어는 양사가 발달한 언어로 '수사+양사+명사' 형식으로 자주 쓰이기 때문에 명사에 따른 양사 표현을 함께 공부하는 것이 좋습니다.

- 一瓶可乐
  yì píng kělè

  콜라 한 병

- 一碗米⑤饭
  yì wǎn mǐfàn

  (쌀)밥 한 공기

- 一份⑥烤鸭
  yí fèn kǎoyā

  카오야 한 접시

- 一个人
  yí ge rén

  사람 한 명

- 一张票
  yì zhāng piào

  표 한 장

- 一杯咖啡
  yì bēi kāfēi

  커피 한 잔

- 一件衣服
  yí jiàn yīfu

  옷 한 벌

❺ '饭 fàn'는 '볶음밥, 쌀밥' 등이 모두 포함되기 때문에 중국에서 흰밥을 주문할 때는 반드시 '米饭 mǐfàn' 이라고 해야 합니다.

❻ 카오야 : 오리구이 요리

06 소유를 나타내는 有

'有 yǒu'는 '~을 가지고 있다, ~이 있다'라는 뜻을 가지고 있는 동사입니다.

- 我有手机。
  Wǒ yǒu shǒujī.

  나는 휴대전화가 있습니다.

- 我们有麻辣烫。
  Wǒmen yǒu málàtàng.

  우리는 마라탕이 있습니다.

- 你有水吗?
  Nǐ yǒu shuǐ ma?

  당신은 물을 가지고 있나요?

- 安迪有女朋友吗?
  Ān Dí yǒu nǚpéngyou ma?

  앤디는 여자친구가 있나요?

➕ '有 yǒu'의 부정은 '없다, 가지고 있지 않다'라는 뜻을 가지고 있는 '没有 méiyǒu'를 씁니다.

- 我没有水。
  Wǒ méiyǒu shuǐ.

  나는 물이 없습니다.

- 他没有女朋友。
  Tā méiyǒu nǚpéngyou.

  그는 여자친구가 없습니다.

재미있는 여행을 위한 짧은 Tip

중국 음식에 들어가는 향신료 '香菜 xiāngcài'를 아시나요? 한국에서 '고수'라고 불리는 이 향신료는 많은 중국 음식에 들어가는 재료인데요, 그 향이 너무 강해서 싫어하는 사람들이 꽤 많습니다. 그렇기 때문에 '香菜 xiāngcài'를 싫어하는 분들은 음식을 시킬 때 반드시 '不要香菜(bú yào xiāngcài)'라고 말씀하셔야 합니다.

01　음성을 반복적으로 들으며 성조를 표시하고 한국어 뜻도 함께 써 보세요.

🎧 C4_05

예시
ˇ ―
老师
선생님

☐☐
① 我们
_____

☐☐
② 点菜
_____

☐☐☐
③ 担担面
_____

☐☐
④ 虾饺
_____

☐☐
⑤ 别的
_____

☐☐
⑥ 啤酒
_____

02　다음 문장에 대한 병음과 한국어 뜻을 함께 써 보세요.

① 请稍等，马上过去。

(병음)

(한국어)

② 还要别的吗？

(병음)

(한국어)

③ 我们这儿有啤酒和红酒。

(병음)

(한국어)

03 다음 보기의 단어를 넣어 문장을 완성해 보세요.

> 보기   有   还   杯   朋友   那儿   来   要

1 他要( )北京。
2 我要去( )。
3 一( )咖啡
4 我们( )麻辣烫。
5 我( )买矿泉水。
6 ( )要收服务费。

04 다음 단어를 조합하여 문장을 완성해 보세요.

1 要 / 我 / 北京大饭店 / 去

_____

2 他们 / 离 / 那儿 / 远 / 不太

_____

3 女朋友 / 安迪 / 有 / 吗

_____

01 ① wǒmen ⓓ 우리　　② diǎn cài 음식을 주문하다　③ dàndànmiàn ⓜ 단단멘
　　④ xiājiǎo ⓜ 샤자오(새우만두) ⑤ biéde ⓜ 다른 것　　⑥ píjiǔ ⓜ 맥주

02 ① Qǐng shāo děng mǎshàng guò qù. 잠시만 기다려 주세요, 곧 갈게요.
　　② Hái yào biéde ma? 더 필요한 거 있으세요?
　　③ Wǒmen zhèr yǒu píjiǔ hé hóngjiǔ. 저희는 맥주와 와인이 있습니다.

03 ① 来　　② 朋友那儿　　③ 杯　　④ 有　　⑤ 要　　⑥ 还

04 ① 我要去北京大饭店。　② 离他们那儿不太远。　③ 安迪有女朋友吗？

🚂 설명(공부하기)

❸ '好 hǎo' 또는 '好的 hǎo de'는 '네', '알겠습니다' 등과 같은 대답 표현으로 그 뜻과 쓰임이 같습니다.

❹ '燕京啤酒 yānjīng píjiǔ'는 우리가 잘 알고 있는 칭다오 맥주(青岛啤酒 qīngdǎo píjiǔ)처럼 중국 지역 술로 중국 사람들이 선호하는 맥주 중 하나입니다.

担担面 dàndànmiàn 　명 단단몐
虾饺 xiājiǎo 　명 샤자오(새우만두)
别的 biéde 　명 다른 것

啤酒 píjiǔ 　명 맥주
我们 wǒmen 　대 우리
红酒 hóngjiǔ 　명 와인, 포도주

燕京啤酒 yānjīng píjiǔ 　명 옌징 맥주(상품명)

买 mǎi 　동 사다
矿泉水 kuàngquánshuǐ 　명 생수, 광천수
介绍 jièshào 　동 소개하다

北京大饭店 Běijīng Dàfàndiàn 　명 베이징호텔(업체명)
名牌 míngpái 　명 브랜드, 유명 상표

吧 ba 　조 문장 끝에 붙어 제안, 명령, 청유 등의 어기를 나타냄
朋友 péngyou 　명 친구

他们 tāmen 　대 그들
可乐 kělè 　명 콜라
米饭 mǐfàn 　명 (쌀)밥

烤鸭 kǎoyā 　명 카오야
张 zhāng 　양 (종이, 책상 등 평평한 것들을 세는 단위) 장

票 piào 　명 표
杯 bēi 　양 잔, 컵
咖啡 kāfēi 　명 커피

衣服 yīfu 　명 옷
收 shōu 　동 얻다, (물건을) 거두다

服务费 fúwùfèi 　명 서비스비용, 봉사료
手机 shǒujī 　명 휴대전화
麻辣烫 málàtàng 　명 마라탕

水 shuǐ 　명 물
女朋友 nǚpéngyou 　명 여자친구

炒饭 chǎofàn 　명 볶음밥
饺子 jiǎozi 　명 자오쯔
馄饨 húntún 　명 훈툰

煎饼 jiānbing 　명 젠빙
油条 yóutiáo 　명 요티아오
炒面 chǎomiàn 　명 차오몐

牛肉面 niúròumiàn 　명 뉴로몐
宫保鸡丁 gōngbǎojīdīng 　명 꿍바오지딩
鱼香肉丝 yúxiāngròusī 　명 위샹로쓰

西红柿炒鸡蛋 xīhóngshìchǎojīdàn 　명 시훙쓰차오지단
京酱肉丝 jīngjiàngròusī 　명 진장로쓰

地三鲜 dìsānxiān 　명 디싼시엔
麻婆豆腐 mápódòufu 　명 마포도우푸
酸辣土豆丝 suānlàtǔdòusī 　명 쏸라투도쓰

西苑
Xī Yuàn
시위안

雍和宫 → 05 → 金台夕照

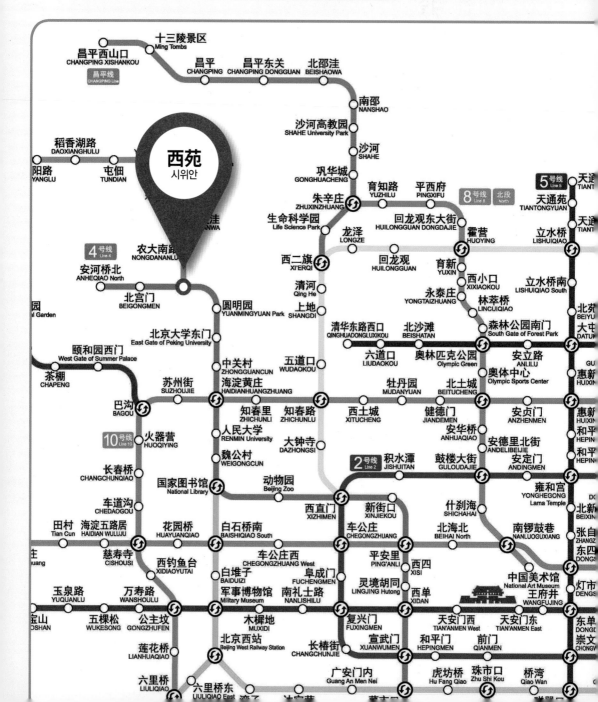

十三陵景区 Ming Tombs

昌平西山口 CHANGPING XISHANKOU
昌平线 CHANGPING Line
昌平 CHANGPING
昌平东关 CHANGPING DONGGUAN
北邵洼 BEISHAOWA

南邵 NANSHAO

沙河高教园 SHAHE University Park
沙河 SHAHE

稻香湖路 DAOXIANGHULU
阳路 YANGLU
屯佃 TUNDIAN
巩华城 GONGHUACHENG

西苑 시위안

育知路 YUZHILU
平西府 PINGXIFU
8号线 北段 Line 8 North
5号线 Line 5
天通
TIANT
天通苑 TIANTONGYUAN
天
TIANT

朱辛庄 ZHUXINZHUANG

生命科学园 Life Science Park
回龙观东大街 HUILONGGUAN DONGDAJIE
霍营 HUOYING
立水桥 LISHUIQIAO

4号线 Line 4
农大南路 NONGDANANLU
洼 NWA
龙泽 LONGZE
回龙观 HUILONGGUAN
育新 YUXIN
西小口 XIXIAOKOU
立水桥南 LISHUIQIAO South
天
TIANT

安河桥北 ANHEQIAO North
西二旗 XI'ERQI
永泰庄 YONGTAIZHUANG
林萃桥 LINCUIQIAO

北宫门 BEIGONGMEN
清河 Qing He
北
BEIYU

l Garden
圆明园 YUANMINGYUAN Park
上地 SHANGDI
清华东路西口 QINGHUADONGLUXIKOU
北沙滩 BEISHATAN
森林公园南门 South Gate of Forest Park
大
DATU

北京大学东门 East Gate of Peking University
六道口 LIUDAOKOU
奥林匹克公园 Olympic Green
安立路 ANLILU

颐和园西门 West Gate of Summer Palace
中关村 ZHONGGUANCUN
五道口 WUDAOKOU
奥体中心 Olympic Sports Center
GU

茶棚 CHAPENG
苏州街 SUZHOUJIE
海淀黄庄 HAIDIANHUANGZHUANG
牡丹园 MUDANYUAN
北土城 BEITUCHENG
惠新
HUIXIN

巴沟 BAGOU
知春里 ZHICHUNLI
知春路 ZHICHUNLU
西土城 XITUCHENG
健德门 JIANDEMEN
安贞门 ANZHENMEN
惠新
HUIXIN

10号线 Line 10
火器营 HUOQIYING
人民大学 RENMIN University
大钟寺 DAZHONGSI
安华桥 ANHUAQIAO
安德里北街 ANDELIBEIJIE
和平
HEPIN

长春桥 CHANGCHUNQIAO
魏公村 WEIGONGCUN
2号线 Line 2
积水潭 JISHUITAN
鼓楼大街 GULOUDAJIE
安定门 ANDINGMEN
和平
HEPIN

国家图书馆 National Library
动物园 Beijing Zoo
雍和宫 YONGHEGONG Lama Temple

车道沟 CHEDAOGOU
什刹海 SHICHAHAI
北新
BEIXIN

田村 Tian Cun
海淀五路居 HAIDIAN WULUJU
花园桥 HUAYUANQIAO
白石桥南 BAISHIQIAO South
西直门 XIZHIMEN
新街口 XINJIEKOU
北海北 BEIHAI North
南锣鼓巷 NANLUOGUXIANG
张自
ZHANGZ

车公庄 CHEGONGZHUANG
东三
DONGS

慈寿寺 CISHOUSI
西钓鱼台 XIDIAOYUTAI
车公庄西 CHEGONGZHUANG West
平安里 PING'ANLI
西四 XISI
中国美术馆 National Art Museum
灯市
DENG

hua ng
白堆子 BAIDUIZI
阜成门 FUCHENGMEN
灵境胡同 LINGJING Hutong
西单 XIDAN
王府井 WANGFUJING

玉泉路 YUQUANLU
万寿路 WANSHOULU
军事博物馆 Military Museum
南礼士路 NANLISHILU

宝山 OSHAN
五棵松 WUKESONG
公主坟 GONGZHUFEN
木樨地 MUXIDI
复兴门 FUXINGMEN
天安门西 TIAN'ANMEN West
天安门东 TIAN'ANMEN East
东单 DONG

北京西站 Beijing West Railway Station
宣武门 XUANWUMEN
和平门 HEPINGMEN
前门 QIANMEN
崇文 DONGI

莲花桥 LIANHUAQIAO
长椿街 CHANGCHUNJIE

六里桥 LIULIQIAO
六里桥东 LIULIQIAO East
广安门内 Guang An Men Nei
虎坊桥 Hu Fang Qiao
珠市口 Zhu Shi Kou
桥湾 Qiao Wan

최고의 관광명소 이허위안을 볼 수 있는

이번 역은 시위안입니다.

중국 지하철 4호선을 타고 시위안(西苑 Xī Yuàn)역에 내리면 1998년 유네스코 세계문화유산으로 지정된 이허위안(颐和园 Yíhé Yuán)으로 갈 수 있는데요, 이허위안은 서태후가 애용했던 황실 별궁과 정원으로 자연 풍경과 인공 건축물이 환상적인 조화를 이룬 중국 조경 예술의 걸작품이라고 할 수 있습니다. 예전에는 이허위안을 가려면 대부분 차를 대여해서 타고 갔었는데요, 지하철역이 생기면서 좀 더 쉽게 이허위안에 갈 수 있게 되었습니다. 중국의 찬란한 역사를 자랑하는 이허위안은 어떻게 갈 수 있을지 호텔 안내 데스크에 한 번 물어보는 건 어떨까요?

오늘은?

교통수단 이용 방법을 묻고 답할 수 있습니다.

🎧 C5_01   이번 역의 포인트 단어입니다.

준비하기

坐 zuò 통 (버스, 자동차 등을) 타다

到 dào 통 도착하다

下车 xià chē 통 내리다, 하차하다

大概 dàgài 부 대략, 아마도

要 yào 통 필요하다

多 duō 부 얼마나

长 cháng 형 길다

换乘 huàn chéng 통 환승하다

乘坐 chéngzuò 통 (탈것에) 타다

没有 méiyǒu 통 없다

行 xíng 형 좋다, 충분하다

还是 háishi 부 ~하는 편이 더 좋다,
        ~하는 게 더 낫다

✓ 본문 대화 내용 중 이 문장만은 꼭 기억해 주세요!

교통수단 이용하기 1 🎧 C5_02

A : 请问，❶颐和园怎么走?
Qǐng wèn, Yíhé Yuán zěnme zǒu?

말씀 좀 여쭐게요. 이허위안은 어떻게 가나요?

B : 坐地铁到西苑站下车。
Zuò dìtiě dào Xī Yuàn zhàn xià chē.

지하철을 타고 시위안역에서 내리시면 됩니다.

❶ '颐和园 Yíhé Yuán'은 베이징 관광 명소 중 한 곳으로
예전 황실의 여름 별궁으로 쓰였던 곳입니다.

교통수단 이용하기 2 🎧 C5_03

A : 大概要多长时间?
Dàgài yào duō cháng shíjiān?

대략 얼마나 걸리나요?

B : 大概五十分钟左右。
Dàgài wǔshí fēnzhōng zuǒyòu.

대략 50분 정도 걸립니다.

秀英 服务员

❷请问，颐和园怎么走？
Qǐng wèn, Yíhé Yuán zěnme zǒu?
말씀 좀 여쭐게요. 이허위안은 어떻게 가나요?

坐地铁到西苑站下车。
Zuò dìtiě dào Xī Yuàn zhàn xià chē.
지하철을 타고 시위안역에서 내리시면 됩니다.

要换乘吗？
Yào huànchéng ma?
환승해야 하나요?

**对，在王府井站乘坐地铁
1号线，到了西单站
换乘地铁4号线。**
Duì, zài Wángfǔjǐng zhàn chéngzuò dìtiě
yī hào xiàn, dào le Xīdān zhàn
huànchéng dìtiě sì hào xiàn.
네, 왕푸징역에서 1호선을 타고, 시단역에서 4호선
으로 갈아타셔야 합니다.

大概要多长时间？
Dàgài yào duō cháng shíjiān?
대략 얼마나 걸리나요?

大概五十分钟左右。
Dàgài wǔshí fēnzhōng zuǒyòu.
대략 50분 정도 걸립니다.

有没有别的方法？
Yǒu méiyǒu biéde fāngfǎ?
다른 방법도 있나요?

坐❸出租车也行。
Zuò chūzūchē yě xíng.
택시 타셔도 돼요.

我们还是坐地铁好了。
Wǒmen háishi zuò dìtiě hǎo le.
그냥 지하철 타는 게 좋겠어요.

嗯，好的。
Èng, hǎo de.
네, 알겠습니다.

谢谢。
Xièxie.
감사합니다.

不客气。
Bú kèqi.
천만에요.

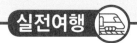

단어 설명 81p

01 타다 坐

'坐 zuò'에는 '앉다'라는 뜻이 있는데요, 버스나 택시, 비행기나 지하철 등과 같이 앉아서 타는 교통수단과 함께 쓰일 때는 '(버스, 지하철 등에) 타다'라는 뜻을 나타냅니다.

- **坐地铁**
  zuò dìtiě

  지하철을 타다

- **坐公交车**
  zuò gōngjiāochē

  버스를 타다

- **坐出租车**
  zuò chūzūchē

  택시를 타다

- **坐飞机**
  zuò fēijī

  비행기를 타다

➕ 자전거나 오토바이, 말 등과 같이 다리를 벌리고 앉아서 타는 것들은 동사 '骑 qí'를 사용합니다.

- **骑马**
  qí mǎ

  말을 타다

- **骑摩托车**
  qí mótuōchē

  오토바이를 타다

- **骑自行车**
  qí zìxíngchē

  자전거를 타다

02   얼마나 多

'많다'라는 뜻을 가지고 있는 '多 duō'가 형용사 앞에 쓰이게 되면 의문부사가 되어 '얼마나'라는 의미를 나타내게 됩니다.

- 他个子多高?
  Tā gèzi duō gāo?

그의 키는 얼마나 큰가요?

- 离这儿多远?
  Lí zhèr duō yuǎn?

여기서부터 얼마나 먼가요?

- 你哥哥今年多大?
  Nǐ gēge jīnnián duō dà?

당신 오빠(형)는 올해 몇 살인가요?

- 需要多长时间?
  Xūyào duō cháng shíjiān?

얼마나 긴 시간이 필요한가요?(얼마나 걸리나요?)

03   대략 大概

'大概 dàgài'는 수량 또는 시간에 대한 예측을 나타내는 표현으로 '대략, 아마도'의 의미를 가지고 있습니다.

- 大概五分钟就行。
  Dàgài wǔ fēnzhōng jiù xíng.

대략 5분이면 됩니다.

- 大概有四个。
  Dàgài yǒu sì ge.

대략 4개가 있습니다.

- 大概三点到。
  Dàgài sān diǎn dào.

대략 3시에 도착합니다.

- 大概五个人左右。
  Dàgài wǔ ge rén zuǒyòu.

대략 5명 정도입니다.

04 가량, 쯤 左右

'左右 zuǒyòu'는 수량 표현 뒤에서 '가량, 내외, 정도' 등을 나타냅니다.

· 大概三点左右。
Dàgài sān diǎn zuǒyòu.

대략 3시 정도입니다.

· 等了五分钟左右。
Děng le wǔ fēnzhōng zuǒyòu.

5분 정도 기다렸습니다.

· 她七岁左右。
Tā qī suì zuǒyòu.

그녀는 7살 정도 됩니다.

· 他身高一米八左右。
Tā shēngāo yì mǐ bā zuǒyòu.

그의 키는 180cm 정도입니다.

05 정반의문문 有没有

'有 yǒu'는 '있다', '没有 méiyǒu'는 '없다'라는 뜻을 가지고 있는데요, 이 두 표현이 만나면 '있나요? 없나요?'라는 뜻을 나타내는 정반의문문이 됩니다.

· 有没有意见?
Yǒu méiyǒu yìjiàn?

의견이 있나요?

· 你有没有五十块?
Nǐ yǒu méiyǒu wǔshí kuài?

50위안이 있나요?

· 有没有更好吃的?
Yǒu méiyǒu gèng hǎochī de?

더 맛있는 것이 있나요?

· 附近有没有超市?
Fùjìn yǒu méiyǒu chāoshì?

근처에 슈퍼마켓이 있나요?

`06` ~하는 편이 낫겠다 还是……好了

'还是 háishi'가 부사로 쓰이면 '~하는 편이 더 낫다, ~하는 편이 더 좋다'라는 뜻을 나타내며
문장 끝에 '好了 hǎo le'와 자주 호응해서 씁니다.

- 还是去上海好了。
  Háishi qù Shànghǎi hǎo le.

  상하이를 가는 게 낫겠어요.

- 还是骑自行车好了。
  Háishi qí zìxíngchē hǎo le.

  자전거를 타는 게 낫겠어요.

- 还是自己去好了。
  Háishi zìjǐ qù hǎo le.

  혼자 가는 게 낫겠어요.

- 还是吃汉堡好了。
  Háishi chī hànbǎo hǎo le.

  햄버거를 먹는 게 낫겠어요.

재미있는 여행을 위한 짧은 Tip

베이징 시내에서 택시 잡기는 매우 어렵습니다. 그래서 대부분의 사람들이 '滴滴出行
dīdīchūxíng' 앱을 설치해 사용하는데요, '滴滴出行 dīdīchūxíng'은 우리나라 '카카오
택시'와 같은 앱으로 자신이 있는 곳까지 택시를 불러줍니다. 베이징에 도착하면 꼭
'滴滴出行 dīdīchūxíng' 앱부터 다운로드하세요!

01 음성을 반복적으로 들으며 성조를 표시하고 한국어 뜻도 함께 써 보세요.

🎧 C5_05

예시

∨ —
老师
선생님

□□□
① 颐和园
_____

□□
② 地铁
_____

□□
③ 下车
_____

□□
④ 大概
_____

□□
⑤ 左右
_____

□□
⑥ 时间
_____

02 다음 문장에 대한 병음과 한국어 뜻을 함께 써 보세요.

① 要换乘吗?
(병음)
(한국어)

② 到了西单站换乘地铁4号线。
(병음)
(한국어)

③ 有没有别的方法?
(병음)
(한국어)

03   다음 보기의 단어를 넣어 문장을 완성해 보세요.

> 보기 还是 有没 有左右 大概 多 坐

① 他(   )公交车。
② (   )五分钟就行。
③ (   )更好吃的?
④ (   )吃汉堡好了。
⑤ 她年纪小, 7七岁(   )。
⑥ 他个子(   )高?

04   다음 단어를 조합하여 문장을 완성해 보세요.

① 长 / 需要 / 多 / 时间

_____

② 了 / 等 / 左右 / 五分钟

_____

③ 上海 / 还是 / 去 / 好了

_____

정답

01　① Yíhé Yuán 명 이허위안　② dìtiě 명 지하철　③ xià chē 통 내리다, 하차하다
　　　④ dàgài 부 대략, 아마도　⑤ zuǒyòu 명 정도　⑥ shíjiān 명 시간

02　① Yào huànchéng ma? 환승해야 하나요?
　　　② Dào le xīdān zhàn huànchéng dìtiě sì hào xiàn.
　　　　시단역에서 4호선으로 갈아타셔야 합니다.
　　　③ Yǒu méiyǒu biéde fāngfǎ? 다른 방법도 있나요?

03　① 坐　　② 大概　　③ 有没有　　④ 还是　　⑤ 左右　　⑥ 多

04　① 需要多长时间?　② 等了五分钟左右。　③ 还是去上海好了。

설명(공부하기)

❷ '물어보다'의 의미가 있는 '问 wèn'은 4성으로 발음합니다. 3성으로 발음할 경우 '입맞춤하다'라
　는 뜻이 되니까요, 발음에 꼭 주의해 주세요!

❸ '택시를 타다(잡다)'라는 표현은 '打的 dǎdī'라고도 합니다.

颐和园 Yíhé Yuán	고유 이허위안	地铁 dìtiě	명 지하철	西苑站 Xī Yuàn zhàn	명 시위안역
时间 shíjiān	명 시간	五十 wǔshí	수 50, 쉰	分钟 fēnzhōng	명 분(시간의 양)
左右 zuǒyòu	명 정도	1号线 yī hào xiàn	명 1호선	西单站 Xīdān zhàn	명 시단역
4号线 sì hào xiàn	명 4호선	方法 fāngfǎ	명 방법	出租车 chūzūchē	명 택시

公交车 gōngjiāochē	명 버스	飞机 fēijī	명 비행기	马 mǎ	명 말
摩托车 mótuōchē	명 오토바이	个子 gèzi	명 키	高 gāo	형 높다
哥哥 gēge	명 형, 오빠	今年 jīnnián	명 올해	大 dà	형 크다
需要 xūyào	동 필요하다	个 gè	양 개, 명	点 diǎn	명 시
岁 suì	명 세, 살	身高 shēngāo	명 신장, 키	米 mǐ	명 미터
意见 yìjiàn	명 의견	附近 fùjìn	명 부근, 근처	上海 Shànghǎi	고유 상하이(지명)
自己 zìjǐ	부 스스로, 혼자	汉堡(包) hànbǎo(bāo)	명 햄버거		

公共汽车 gōnggòngqìchē	명 버스	火车 huǒchē	명 기차	滴滴出行 dīdīchūxíng	명 디디추씽
地铁路线图 dìtiělùxiàntú	명 지하철노선도	路线 lùxiàn	명 노선	一卡通 yìkǎtōng	명 교통카드
现金 xiànjīn	명 현금	发票 fāpiào	명 영수증	售票处 shòupiàochù	명 매표소
公共汽车站 gōnggòng qìchē zhàn	명 버스정류장	下站 xià zhàn	다음 역	乘客 chéngkè	명 승객
掉头 diàotóu	동 방향을 바꾸다, 유턴하다	叫车 jiào chē	차를 부르다	靠边 kàobiān	옆으로 가까이 대다
停车 tíngchē	차를 세우다				

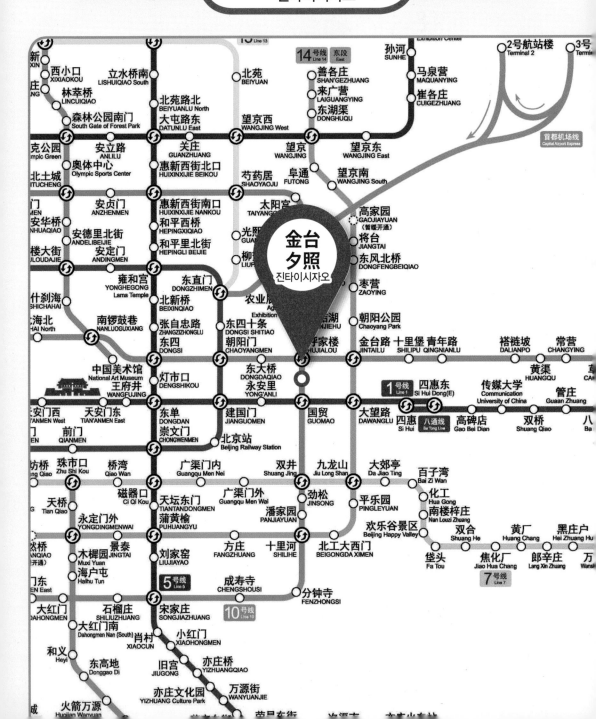

金台夕照

西苑 → 06 金台夕照
Jīntáixīzhào
진타이시자오

望京南

약속을 잡고 만나기 편한

이번 역은 진타이시자오입니다.

진타이시자오(金台夕照 Jīntáixīzhào)역에 가면 스마오텐제(世贸天阶 Shìmàotiānjiē)라는 쇼핑센터가 있는데요, 영어로는 'The Place'라고 불리는 이곳 중앙 광장에는 아시아에서 가장 높고 긴 스카이 스크린이 설치되어 있어서 밤에 이곳에 간다면 다른 곳에서는 느끼지 못한 웅장함과 황홀함을 느끼실 수 있습니다. 다양한 음식점들과 카페들도 있어서 친구와 편하게 약속 잡아 만나기 좋은 곳입니다.

오늘은?

날짜를 묻고 답할 수 있습니다.

∩ C6_01   이번 역의 포인트 단어입니다.

준비하기

几 jǐ 〔수〕 몇

薄 báo 〔형〕 얇다

想 xiǎng 〔조동〕 ~하고 싶다

一起 yìqǐ 〔부〕 함께, 같이

啊 a 〔조〕 문장의 끝에 쓰여 감탄 등을 나타냄

呢 ne 〔조〕 문장 끝에 쓰여 뉘앙스를 부드럽게 만듦

正好 zhènghǎo 〔부〕 마침, 때마침

听 tīng 〔동〕 듣다

听说 tīng shuō 듣자 하니, 듣건대

都 dōu 〔부〕 모두, 다

多 duō 〔부〕 얼마나(감탄문에 쓰여 정도가 매우 높음을 나타냄)

什么时候 shénme shíhou 언제

공부하기 출발

단어 설명 93p

✓ 본문 대화 내용 중 이 문장만은 꼭 기억해 주세요!

약속하기 1 🎧 C6_02

A : 今天几月几号?
Jīntiān jǐ yuè jǐ hào?

오늘 몇 월 며칠이지?

B : 今天 ❶六月八号。
Jīntiān Liùyuè bā hào.

오늘 6월 8일이야.

❶ 일반적으로 동사나 형용사가 술어로 쓰이지만, 여기서는 '6월 8일'이라는 명사가 술어로 쓰였는데요, 이처럼 '명사'가 술어로 쓰인 구문을 '명사술어문'이라고 하고 시간, 날짜, 요일, 나이, 수량, 가격 등의 명사들이 술어로 쓰일 수 있습니다.

약속하기 2 🎧 C6_03

A : 星期❷几?
Xīngqī jǐ?

무슨 요일이지?

B : 星期三。
Xīngqīsān.

수요일이야.

❷ 요일을 물어보는 표현을 직역하면 '몇 요일'이지만 한국어로 해석할 때는 '무슨 요일'이라고 표현합니다.

我的衣服很薄，想买件衣服。
Wǒ de yīfu hěn báo, xiǎng mǎi jiàn yīfu.
옷이 얇아서, 옷을 하나 사고 싶어.

那^❸咱们一起去^❹世贸天阶怎么样?
Nà zánmen yìqǐ qù Shìmàotiānjiē zěnme yàng?
그럼 우리 스마오톈제 갈까?

好啊，什么时候去呢?
Hǎo a, shénme shíhou qù ne?
좋지, 언제 갈까?

今天几月几号?
Jīntiān jǐ yuè jǐ hào?
오늘 몇 월 며칠이지?

今天六月八号。
Jīntiān Liùyuè bā hào.
오늘 6월 8일이야.

星期几?
Xīngqī jǐ?
무슨 요일이지?

星期三。
Xīngqīsān.
수요일이야.

正好，听说到六月十五号每^❺周三都有特价活动。
Zhènghǎo, tīng shuō dào Liùyuè shíwǔ hào měi Zhōusān dōu yǒu tèjià huódòng.
딱 좋다. 6월 15일까지 매주 수요일마다 특가 행사가 있다더라고.

多好的机会，^❻走走走!
Duō hǎo de jīhuì, zǒu zǒu zǒu!
우리가 운이 좋네. 가자, 가자.

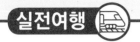

01 ~하고 싶다 想

조동사 '想 xiǎng'은 동사 앞에서 '~하고 싶다'라는 '바람'을 나타냅니다.

- 我想吃饭。
  Wǒ xiǎng chī fàn.

  나는 밥을 먹고 싶습니다.

- 我想买手机。
  Wǒ xiǎng mǎi shǒujī.

  나는 휴대전화를 사고 싶습니다.

- 我想去中国。
  Wǒ xiǎng qù Zhōngguó.

  나는 중국에 가고 싶습니다.

- 我想说西班牙语。
  Wǒ xiǎng shuō Xībānyáyǔ.

  나는 스페인어를 하고 싶습니다.

➕ '想 xiǎng'의 부정 표현은 '不想 bù xiǎng'입니다.

- 我不想吃饭。
  Wǒ bù xiǎng chī fàn.

  나는 밥을 먹고 싶지 않습니다.

- 我不想买手机。
  Wǒ bù xiǎng mǎi shǒujī.

  나는 휴대전화를 사고 싶지 않습니다.

- 我不想去中国。
  Wǒ bù xiǎng qù Zhōngguó.

  나는 중국에 가고 싶지 않습니다.

- 我不想说西班牙语。
  Wǒ bù xiǎng shuō Xībānyáyǔ.

  나는 스페인어를 하고 싶지 않습니다.

02 의문대명사 怎么样

'怎么样 zěnmeyàng'은 '어떠한가'라는 의미로 상대방의 의견이나 생각을 물어볼 때 쓰는 표현입니다.

- 咱们一起去超市怎么样?
  Zánmen yìqǐ qù chāoshì zěnmeyàng?

  우리 같이 슈퍼마켓에 가는 거 어때요?

- 这件衣服怎么样?
  Zhè jiàn yīfu zěnmeyàng?

  이 옷은 어때요?

- 今天天气怎么样?
  Jīntiān tiānqì zěnmeyàng?

  오늘 날씨 어때요?

- 他的汉语怎么样?
  Tā de Hànyǔ zěnmeyàng?

  그의 중국어는 어때요?
  (그의 중국어 실력은 어때요?)

03 언제 什么时候

'什么时候 shénme shíhou'는 '언제, 어느 때'라는 의미를 가진 단어로 평서문에도 쓰이지만 주로 의문문을 만들 때 사용합니다.

- 她什么时候来呢?
  Tā shénme shíhou lái ne?

  그녀는 언제 오나요?

- 你什么时候去上海?
  Nǐ shénme shíhou qù Shànghǎi?

  당신은 언제 상하이에 가나요?

- 我们什么时候吃饭?
  Wǒmen shénme shíhou chī fàn?

  우리는 언제 밥을 먹나요?

- 电影什么时候上映呢?
  Diànyǐng shénme shíhou shàngyìng ne?

  영화는 언제 상영하나요?

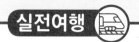
단어 설명 93p

04 날짜, 요일 묻고 답하기

날짜와 요일은 '몇'이라는 뜻을 가진 수사 '几 jǐ'를 사용해 묻고 '月 yuè', '号 hào', '星期 xīngqī' 등의 표현을 사용해 답할 수 있습니다.

- 你的生日几月几号?
  Nǐ de shēngrì jǐ yuè jǐ hào?

  一月五号。
  Yīyuè wǔ hào.

당신의 생일은 몇 월 며칠인가요?

1월 5일입니다.

- 明天星期几?
  Míngtiān xīngqī jǐ?

  明天星期六。
  Míngtiān Xīngqīliù.

내일은 무슨 요일인가요?

내일은 토요일입니다.

- 几月几号开始?
  Jǐ yuè jǐ hào kāishǐ?

  十月十六号开始。
  Shíyuè shíliù hào kāishǐ.

몇 월 며칠에 시작하나요?

10월 16일에 시작합니다.

05 듣자하니 听说

'听说 tīng shuō'는 '듣자 하니, 들은 바로는 ~라더라'라는 뜻을 가지고 있으며 문장 제일 앞에 쓰여 들은 말을 다른 사람에게 전달할 때 사용하는 표현입니다.

- 听说星期一有会议。
  Tīng shuō Xīngqīyī yǒu huìyì.

월요일에 회의가 있대요.

- 听说他明天来。
  Tīng shuō tā míngtiān lái.

듣자 하니 그는 내일 온대요.

- 听说你去青岛。
  Tīng shuō nǐ qù Qīngdǎo.

칭다오에 간다고 들었어요.

- 听说北京很有意思。
  Tīng shuō Běijīng hěn yǒu yìsi.

베이징이 재밌다더라고요.

06 얼마나 ~한가! 多

'多 duō'는 '많다' 또는 '얼마나(의문)'의 뜻 외에도 '얼마나 ~한가!'라는 감탄의 표현을 나타내기도 합니다.

- 多高兴的事！
  Duō gāoxìng de shì!

  얼마나 기쁜일인가!

- 多好吃的菜！
  Duō hǎochī de cài!

  얼마나 맛있는 요리인가!

- 多冷的天！
  Duō lěng de tiān!

  얼마나 추운 날인가!

- 多好看的衣服！
  Duō hǎokàn de yīfu

  얼마나 예쁜 옷인가!

재미있는 여행을 위한 짧은 Tip

혹시 '광군제(光棍节 Guānggùn Jié)'라고 들어보셨나요? 우리가 '중국의 블랙프라이데이'라고 알고 있는 이 날은 사실 '솔로의 날, 독신자의 날'입니다. 솔로들이 자기 자신 스스로를 위로하기 위해 물건을 구매하는 것이 유행이 되었고 그 규모가 커져 지금의 '光棍节 Guānggùn Jié'가 되었습니다.

01 음성을 반복적으로 들으며 성조를 표시하고 한국어 뜻도 함께 써 보세요.

🎧 C6_05

예시

˅ ―

老师

선생님

① 今天

② 星期三

③ 衣服

④ 世贸天阶

⑤ 什么时候

⑥ 机会

02 다음 문장에 대한 병음과 한국어 뜻을 함께 써 보세요.

① 我的衣服很薄，想买件衣服。

(병음)

(한국어)

② 今天几月几号？

(병음)

(한국어)

③ 听说到六月十五号每周三都有特价活动。

(병음)

(한국어)

03 다음 보기의 단어를 넣어 문장을 완성해 보세요.

> 보기   多　听说　几　什么时候　怎么样　想

① 她(　　)来呢？

② (　　)月几号开始？

③ (　　)他明天来。

④ (　　)好吃的东西！

⑤ 我(　　)说西班牙语。

⑥ 咱们一起去超市(　　)？

04 다음 단어를 조합하여 문장을 완성해 보세요.

① 手机 / 想 / 我 / 买

_____

② 什么时候 / 电影 / 呢 / 上映

_____

③ 北京 / 很 / 听说 / 有意思

_____

🚃 정답

01
- ① jīntiān 명 오늘
- ② Xīngqisān 명 수요일
- ③ yīfu 명 옷
- ④ Shìmàotiānjiē 명 스마오톈제
- ⑤ shénme shíhou 언제
- ⑥ jīhuì 명 기회

02
- ① Wǒ de yīfu hěn báo, xiǎng mǎi jiàn yīfu. 옷이 얇아서, 옷을 하나 사고 싶어.
- ② Jīntiān jǐ yuè jǐ hào? 오늘 몇 월 며칠이지?
- ③ Tīng shuō dào Liùyuè shíwǔ hào měi zhōusān dōu yǒu tèjià huódòng. 6월 15일까지 매주 수요일마다 특가 행사가 있다더라고.

03
- ① 什么时候　② 几　③ 听说　④ 多　⑤ 想　⑥ 怎么样

04
- ① 我想买手机。　② 电影什么时候上映呢?　③ 听说北京很有意思。

🚃 설명(공부하기)

❸ '스마오톈제(世贸天阶 Shìmàotiānjiē, The place)'는 아시아 최고의 스카이 스크린이 설치되어 있는 고급형 쇼핑 거리입니다.

❹ 我们 vs. 咱们
我们: 화자와 청자 모두 포함된 '우리', 청자를 제외한 화자와 제3자가 포함된 '우리'를 표현합니다.
咱们: 화자와 청자 모두를 반드시 포함한 '우리'를 표현합니다.

❺ 요일을 나타낼 때 '星期 xīngqī' 대신 '周 zhōu' 또는 '礼拜 lǐbài'를 쓰기도 합니다. 그래서 '星期三 Xīngqīsān'과 '周三 Zhōusān' 모두 '수요일'을 뜻합니다.

❻ 去 vs 走
去: 방향성을 가지고 목적지를 향해 '간다'라고 표현할 때 사용합니다.
走: '지금 있는 곳에서 다른 곳으로 떠나가다 혹은 (걸어)가다'라고 표현할 때 사용합니다.

今天 jīntiān	명 오늘	月 yuè	명 월, 달	号 hào	명 일(日)
星期 xīngqī	명 요일	咱们 zánmen	대 우리	世贸天阶 Shìmàotiānjiē	명 스마오톈졔
怎么样 zěnmeyàng	대 어떠한가	十五 shíwǔ	수 15, 열다섯	每 měi	대 매, 각
周三 Zhōusān	명 수요일	特价活动 tèjià huódòng	명 특가이벤트	机会 jīhuì	명 기회

西班牙语 Xībānyáyǔ	명 스페인어	天气 tiānqì	명 날씨	电影 diànyǐng	명 영화
上映 shàngyìng	동 상영하다	生日 shēngrì	명 생일	明天 míngtiān	명 내일
开始 kāishǐ	동 시작하다	会议 huìyì	명 회의	青岛 Qīngdǎo	고유 칭다오(지명)
有意思 yǒu yìsi	재미있다	冷 lěng	형 춥다		

추가표현

昨天 zuótiān	명 어제	明天 míngtiān	명 내일	后天 hòutiān	명 모레
前天 qiántiān	명 그제	早上 zǎoshang	명 아침	上午 shàngwǔ	명 오전
中午 zhōngwǔ	명 점심	下午 xiàwǔ	명 오후	晚上 wǎnshang	명 저녁
上个星期 shàng ge xīngqī	명 지난주	这个星期 zhège xīngqī	명 이번 주	下个星期 xià gè xīngqī	명 다음 주
上个月 shàng ge yuè	명 지난달	这个月 zhège yuè	명 이번 달	下个月 xià ge yuè	명 다음 달
年 nián	명 해, 년	礼拜 Lǐbài	명 주, 요일	周 Zhōu	명 주, 요일

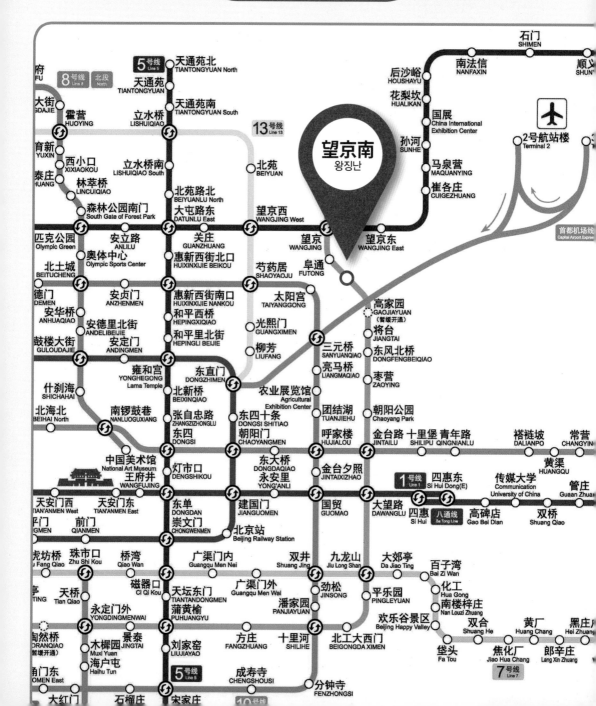

중국 예술가들의 작품을 볼 수 있는
이번 역은 왕징난입니다.

왕징난(望京南 Wàngjīng Nán)역과 멀지 않은 곳에 798이슈취(798艺术区 798 Yìshù Qū)
가 있는데요, 우리가 흔히 '798예술구'로 알고 있는 이곳은 대형 복합 예술 단지로 오래된 공장
이나 창고를 개조하여 화랑 등의 예술 공간으로 만든 곳입니다. 이곳에 가면 중국 예술가들의
독특한 작품들을 무료로 볼 수 있는데요, 대부분 저녁 6시에 문을 닫는다고 하니까요, 방문하기
전에 시간 체크 꼭 하시기 바랍니다.

오늘은?

시간을 묻고 답할 수 있습니다.

🎧 C7_01   이번 역의 포인트 단어입니다.
준비하기

关门 guānmén 통 문을 닫다

先 xiān 부 먼저

饿 è 형 배고프다

死 sǐ 통 죽다

找 zhǎo 통 찾다

怕 pà 통 두려워하다, 무서워하다, 걱정이 되다

来得及 lái de jí 늦지 않다

来不及 lái bu jí 늦다

别 bié 부 ~하지 마라

担心 dānxīn 통 걱정하다

肯定 kěndìng 부 확실히, 틀림없이

相信 xiāngxìn 통 믿다

✓ 본문 대화 내용 중 이 문장만은 꼭 기억해 주세요!

미술관 방문하기 1　🎧C7_02

A : 现在几点?
Xiànzài jǐ diǎn?

지금 몇 시지?

B : ❶一点半。
Yī diǎn bàn.

1시 반이야.

❶ 1시 반은 '一点三十分 yī diǎn sānshí fēn'이라고 표현
할 수도 있습니다.

미술관 방문하기 2　🎧C7_03

A : 几点❷关门?
Jǐ diǎn guānmén?

몇 시에 문 닫지?

B : 晚上六点。
Wǎnshang liù diǎn.

저녁 6시에 닫아.

❷ 반대로 문을 열다는 '开门 kāimén'이라고 합니다.

安迪 秀英

❸这个画廊几点关门?
Zhège huàláng jǐ diǎn guānmén?
이 미술관은 몇 시에 문 닫아?

晚上六点。
Wǎnshang liù diǎn.
저녁 6시에 닫아.

现在几点?
Xiànzài jǐ diǎn?
지금 몇 시지?

现在一点半。
Xiànzài yī diǎn bàn.
지금 1시 반이야.

那还有时间，这个❹画廊太大
了，咱们先吃午饭吧，饿死
了。
Nà hái yǒu shíjiān, zhège huàláng tài dà
le, zánmen xiān chī wǔfàn ba, è sǐ
le.
그럼 아직 시간 있네. 이 미술관 너무 커. 우리
밥 먼저 먹자. 배고파 죽겠다.

好的，那快点儿找❺餐厅，我怕
来不及。
Hǎo de, nà kuài diǎnr zhǎo cāntīng, wǒ pà
lái bu jí.
그래. 그럼 빨리 식당 찾아보자. 늦을까 봐 걱정
되네.

别担心，肯定来得及。
Bié dānxīn, kěndìng lái de jí.
걱정하지 마. 절대 늦지 않을 거야.

那我相信你吧。
Nà wǒ xiāngxìn nǐ ba.
그럼 너를 믿어 보겠어.

01 시간을 묻고 답하는 표현

시간은 '몇'이라는 뜻을 가진 수사 '几 jǐ'를 사용해 물을 수 있으며 '点 diǎn', '分 fēn' 등의 표현을 사용해 답할 수 있습니다.

- **现在几点?**
  Xiànzài jǐ diǎn?

  八点。
  Bā diǎn.

  지금 몇 시예요?

  8시입니다.

- **几点关门?**
  Jǐ diǎn guānmén?

  十点十五分。
  Shí diǎn shíwǔ fēn.

  몇 시에 문을 닫나요?

  10시 15분에 닫습니다.

- **几点开门?**
  Jǐ diǎn kāimén?

  十二点半。
  Shí'èr diǎn bàn.

  몇 시에 문을 여나요?

  12시 반입니다.

- **几点开始?**
  Jǐ diǎn kāishǐ?

  九点五十分。
  Jiǔ diǎn wǔshí fēn.

  몇 시에 시작하나요?

  9시 50분입니다.

02 너무 ~하다 太......了

'太 tài'는 '너무, 아주'라는 뜻을 가진 부사로 '了 le'와 함께 호응해서 쓰면 '너무 ~하다'라는 뜻을 나타내게 됩니다.

- 太好了！
  Tài hǎo le!　　　　　　　　　너무 잘 됐네요!

- 天气太热了。
  Tiānqì tài rè le.　　　　　　　날씨가 너무 더워요.

- 我太困了。
  Wǒ tài kùn le.　　　　　　　　나는 너무 졸려요.

- 今天太累了。
  Jīntiān tài lèi le.　　　　　　　오늘 너무 피곤하네요.

- 蛋糕太甜了。
  Dàngāo tài tián le.　　　　　　케익이 너무 달아요.

03 어기조사 吧

어기조사 '吧 ba'는 문장 끝에 쓰여 '청유, 제의, 명령, 독촉' 등의 어기를 나타냅니다.

- 请坐吧。
  Qǐng zuò ba.　　　　　　　　앉아주세요. (앉으세요.)

- 你先吃吧。
  Nǐ xiān chī ba.　　　　　　　당신 먼저 드세요.

- 你先看吧。
  Nǐ xiān kàn ba.　　　　　　　당신 먼저 보세요.

- 咱们一起去吧。
  Zánmen yìqǐ qù ba.　　　　　우리 같이 가요.

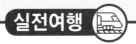

단어 설명 105p

04 ~해 죽겠다 死了

'死了 sǐ le'는 '~해 죽겠다'는 뜻으로 형용사 뒤에 쓰여 상태의 정도가 심함을 나타내며 주로 부정적인 상태에 자주 쓰입니다.

- 累死了。
  Lèi sǐ le.

  피곤해 죽겠어요.

- 困死了。
  Kùn sǐ le.

  졸려 죽겠어요.

- 烦死了。
  Fán sǐ le.

  귀찮아 죽겠어요.

'死了 sǐ le'가 주로 부정적인 정도를 표현한다면 '极了 jí le'는 형용사 뒤에 쓰여 긍정적인 정도가 매우 심함을 나타냅니다.

- 高兴极了。
  Gāoxìng jí le.

  너무 기뻐요.

- 好极了。
  Hǎo jí le.

  너무 좋네요.

- 好看极了。
  Hǎokàn jí le.

  너무 예뻐요.

05 조금, 약간 (一)点儿

'(一)点儿 (yì)diǎnr'은 술어 뒤에 쓰여 '조금, 약간' 등의 뜻을 나타냅니다. 이때 '一 yī'는 생략 가능합니다.

- 请你快一点儿。
  Qǐng nǐ kuài yìdiǎnr.

  조금 서둘러 주세요.

- 便宜一点儿。
  Piányi yìdiǎnr.

  좀 싸게 해 주세요.

- 多吃点儿吧。
  Duō chī diǎnr ba.

  많이 먹어요.

- 请您小心点儿。
  Qǐng nín xiǎoxīn diǎnr.

  조심하세요.

06 부정부사 别

'别 bié '는 '~하지 마라'라는 뜻을 가진 부사로 동사 앞에 위치해 금지를 표현합니다.

- 别伤心。
  Bié shāngxīn.

  슬퍼하지 마세요.

- 别抽烟。
  Bié chōuyān.

  담배 피우지 마세요.

- 别去了吧。
  Bié qù le ba.

  가지 마세요.

- 别看了吧。
  Bié kàn le ba.

  보지 마세요.

재미있는 여행을 위한 짧은 Tip

'798艺术区 798 yìshùqū'의 798이라는 숫자는 공장 구역에 매겨진 번호였는데요, 1950년 초 718연합 공장이 처음 조성되었고 798은 그 718연합 공장 중 798단지를 뜻합니다. 1980년대 후반 경영난에 부딪힌 공장이 임대업을 시작하면서 저렴한 작업 공간을 찾던 예술가들이 이곳에 모이기 시작했고 그렇게 예술가들이 모이면서 지금의 예술 단지가 형성되었습니다.

01 음성을 반복적으로 들으며 성조를 표시하고 한국어 뜻도 함께 써 보세요.

🎧 C7_05

[예시]
∨ —
老师
선생님

☐☐
① 现在
_____

☐☐
② 关门
_____

☐☐
③ 画廊
_____

☐☐
④ 午饭
_____

☐☐
⑤ 餐厅
_____

☐☐☐
⑥ 来得及
_____

02 다음 문장에 대한 병음과 한국어 뜻을 함께 써 보세요.

① 这个画廊几点关门？

(병음)

(한국어)

② 咱们先吃午饭吧，饿死了。

(병음)

(한국어)

③ 那快点儿找餐厅，我怕来不及。

(병음)

(한국어)

03 다음 보기의 단어를 넣어 문장을 완성해 보세요.

> 보기 　別　点儿　死了　吧　太　几

① 现在(　　)点？
② 你先看(　　)。
③ 多吃(　　)吧。
④ (　　)伤心。
⑤ 困(　　)。
⑥ 天气(　　)热了。

04 다음 단어를 조합하여 문장을 완성해 보세요.

① 甜 / 蛋糕 / 了 / 太

_____

② 一起 / 咱们 / 吧 / 去

_____

③ 您 / 请 / 点儿 / 小心

_____

🚂 정답

01 ① xiànzài ⑲ 지금, 현재 ② guānmén ⑧ 문을 닫다
    ③ huàláng ⑲ 화랑, 갤러리, 미술관 ④ wǔfàn ⑲ 점심
    ⑤ cāntīng ⑲ 식당, 음식점 ⑥ lái de jí 늦지 않다

02 ① Zhège huàláng jǐ diǎn guānmén? 이 미술관은 몇 시에 문 닫아?
    ② Zánmen xiān chī wǔfàn ba, è sǐ le. 우리 밥 먼저 먹자. 배고파 죽겠다.
    ③ Nà kuài diǎnr zhǎo cāntīng, wǒ pà lái bu jí.
      그럼 빨리 식당 찾아보자, 늦을까 봐 걱정되네.

03 ① 儿 ② 吧 ③ 点儿 ④ 别 ⑤ 死了 ⑥ 太

04 ① 蛋糕太甜了。 ② 咱们一起去吧。 ③ 请您小心点儿。

🚂 설명(공부하기)

❸ '이, 이것'은 '这 zhè' 혹은 '这个 zhège'라고 하고 '그, 그것'은 '那 nà' 또는 '那个 nàge'라고
합니다.

❹ '화랑, 갤러리, 미술관'을 뜻하는 또 다른 표현으로 '美术馆 měishùguǎn'이 있습니다.

❺ 식당의 다른 표현으로 '饭店 fàndiàn', '食堂 shítáng(주로 구내식당을 나타냄)' 등이 있습니다.

现在 xiànzài 몡 지금, 현재　　半 bàn 몡 반　　晚上 wǎnshang 몡 저녁

画廊 huàláng 몡 화랑, 갤러리, 미술관　　午饭 wǔfàn 몡 점심　　餐厅 cāntīng 몡 식당, 음식점

开门 kāimén 동 문을 열다　　热 rè 형 덥다　　困 kùn 형 졸리다

累 lèi 형 피곤하다　　蛋糕 dàngāo 몡 케이크　　甜 tián 형 달다

烦 fán 형 귀찮다, 번거롭다　　便宜 piányi 형 싸다　　小心 xiǎoxīn 동 조심하다

伤心 shāngxīn 형 슬퍼하다　　抽烟 chōuyān 동 담배를 피우다

中国国家博物馆 Zhōngguó Guójiā Bówùguǎn	중국국가박물관	博物馆 bówùguǎn	몡 박물관
首都博物馆 Shǒudū Bówùguǎn	수도박물관	展览会 zhǎnlǎnhuì	몡 전람회
中国电影博物馆 Zhōngguó Diànyǐng Bówùguǎn	중국영화박물관	个人展会 gèrén zhǎnhuì	몡 개인전시
中国美术馆 Zhōngguó Měishùguǎn	중국미술관	演唱会 yǎnchànghuì	몡 콘서트
北京自然博物馆 Běijīng Zìrán Bówùguǎn	베이징자연박물관	游乐园 yóulèyuán	몡 놀이공원
798艺术工厂 798 yìshù gōngchǎng	798 예술 공장	文化交流 wénhuà jiāoliú	문화교류
北京季节画廊 Běijīng Jìjié Huàláng	베이징 시즌 갤러리		
个人工作室 gèrén gōngzuòshì	개인 스튜디오		

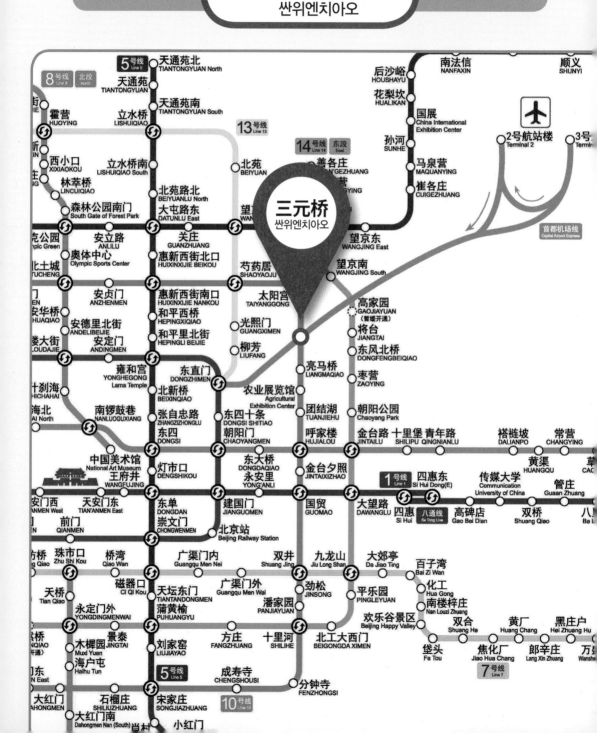

望京南 → 08 三元桥 Sānyuán Qiáo 싼위엔치아오 → 永安里

8号线 北段 Line 8 North
5号线 Line 5
13号线 Line 13
14号线 东段 Line 14 East
1号线 Line 1
八通线 Ba Tong Line
7号线 Line 7
5号线 Line 5
10号线 Line 10

三元桥
싼위엔치아오

天通苑北 TIANTONGYUAN North
天通苑 TIANTONGYUAN
天通苑南 TIANTONGYUAN South
霍营 HUOYING
立水桥 LISHUIQIAO
街 IE
新 IN
西小口 XIXIAOKOU
林萃桥 LINCUIQIAO
立水桥南 LISHUIQIAO South
北苑 BEIYUAN
善各庄 N'GEZHUANG
森林公园南门 South Gate of Forest Park
北苑路北 BEIYUANLU North
营 YING
望京 WAN
望京东 WANGJING East
兑公园 lympic Green
奥体中心 Olympic Sports Center
北土城 TUCHENG
大屯路东 DATUNLU East
安立路 ANLILU
关庄 GUANZHUANG
惠新西街北口 HUIXINXIJIE BEIKOU
芍药居 SHAOYAOJU
望京南 WANGJING South
安贞门 ANZHENMEN
惠新西街南口 HUIXINXIJIE NANKOU
太阳宫 TAIYANGGONG
高家园 GAOJIAYUAN (暂缓开通)
门 EN
安华桥 HUAQIAO
安德里北街 ANDELIBEIJIE
和平西桥 HEPINGXIQIAO
光熙门 GUANGXIMEN
将台 JIANGTAI
娄大街 LOUDAJIE
安定门 ANDINGMEN
和平里北街 HEPINGLI BEIJIE
柳芳 LIUFANG
东风北桥 DONGFENGBEIQIAO
十刹海 SHICHAHAI
雍和宫 YONGHEGONG Lama Temple
东直门 DONGZHIMEN
亮马桥 LIANGMAQIAO
枣营 ZAOYING
海北 AI North
南锣鼓巷 NANLUOGUXIANG
北新桥 BEIXINQIAO
农业展览馆 Agricultural Exhibition Center
朝阳公园 Chaoyang Park
张自忠路 ZHANGZIZHONGLU
东四十条 DONGSI SHITIAO
团结湖 TUANJIEHU
金台路 JINTAILU
十里堡 SHILIPU
青年路 QINGNIANLU
褡裢坡 DALIANPO
常营 CHANGYING
东四 DONGSI
朝阳门 CHAOYANGMEN
呼家楼 HUJIALOU
中国美术馆 National Art Museum
王府井 WANGFUJING
灯市口 DENGSHIKOU
东大桥 DONGDAQIAO
金台夕照 JINTAIXIZHAO
黄渠 HUANGQU
CAO
安门西 ANMEN West
天安门东 TIAN'ANMEN East
东单 DONGDAN
永安里 YONG'ANLI
1号线 Line 1
四惠东 Si Hui Dong(E)
传媒大学 Communication University of China
管庄 Guaan Zhuang
前门 QIANMEN
崇文门 CHONGWENMEN
建国门 JIANGUOMEN
国贸 GUOMAO
大望路 DAWANGLU
四惠 Si Hui
八通线 Ba Tong Line
高碑店 Gao Bei Dian
双桥 Shuang Qiao
Ba
北京站 Beijing Railway Station
方桥 g Qiao
珠市口 Zhu Shi Kou
桥湾 Qiao Wan
广渠门内 Guangqu Men Nei
双井 Shuang Jing
九龙山 Jiu Long Shan
大郊亭 Da Jiao Ting
百子湾 Bai Zi Wan
天桥 Tian Qiao
磁器口 Ci Qi Kou
天坛东门 TIANTANDONGMEN
广渠门外 Guangqu Men Wai
劲松 JINSONG
平乐园 PINGLEYUAN
化工 Hua Gong
南楼梓庄 Nan Louzi Zhuang
永定门外 YONGDINGMENWAI
蒲黄榆 PUHUANGYU
潘家园 PANJIAYUAN
欢乐谷景区 Beijing Happy Valley
双合 Shuang He
黄厂 Huang Chang
黑庄户 Hei Zhuang Hu
桥 NQIAO
木樨园 Muxi Yuan
景泰 JINGTAI
刘家窑 LIUJIAYAO
方庄 FANGZHUANG
十里河 SHILIHE
北工大西门 BEIGONGDA XIMEN
垡头 Fa Tou
焦化厂 Jiao Hua Chang
郎辛庄 Lang Xin Zhuang
万Wanshe
东 N East
海户屯 Haihu Tun
5号线 Line 5
成寿寺 CHENGSHOUSI
宋家庄 SONGJIAZHUANG
分钟寺 FENZHONGSI
7号线 Line 7
大红门 AHONGMEN
石榴庄 SHILIUZHUANG
大红门南 Dahongmen Nan (South)
村
小红门
10号线 Line 10

后沙峪 HOUSHAYU
南法信 NANFAXIN
顺义 SHUNYI
花梨坎 HUALIKAN
国展 China International Exhibition Center
孙河 SUNHE
2号航站楼 Terminal 2
3号 Termin
马泉营 MAQUANYING
崔各庄 CUIGEZHUANG
首都机场线 Capital Airport Express

이번 역은 싼위엔치아오입니다.

베이징에는 크고 작은 마트들이 굉장히 많은 편인데요, 만약 어디를 가야 할지 모르겠다면 싼위엔치아오(三元桥 Sānyuán Qiáo)역 근처의 마이더롱(麦德龙 Màidélóng)을 추천합니다. 영어로는 'Metro'라고 하는 이 마트는 독일계 창고형 마트로 굉장히 다양한 물건들이 있을 뿐만 아니라 수입품들도 많이 입점되어 있어서 여행 시 먹거리가 고민될 때 비상용 먹거리를 사기 좋은 곳입니다.

오늘은?

마트에서 물건을 구매할 수 있습니다.

🎧 C8_01 이번 역의 포인트 단어입니다.

준비하기

多少 duōshao 대 얼마나

的 de 조 ~한 것

小 xiǎo 형 작다

些 xiē 양 조금, 약간

送 sòng 동 증정하다

用 yòng 동 (~하는 것이) 필요하다

就 jiù 부 그러면

够 gòu 형동 충분하다, (일정한 정도에) 이르다

够了 gòu le 형동 됐다, 충분하다

付 fù 동 지불하다

✓ 본문 대화 내용 중 이 문장만은 꼭 기억해 주세요!

물건 사기 1 🎧 C8_02

A : 一瓶可乐多少钱?
Yì píng kělè duōshao qián?

콜라 한 병에 얼마인가요?

B : 一瓶四❶块。
Yì píng sì kuài.

한 병에 4위안입니다.

❶ '块 kuài'는 중국 화폐 단위로 회화체에 많이 사용되며 같은 뜻의 '元 yuán'은 서면어로 많이 사용됩니다.

물건 사기 2 🎧 C8_03

A : ❷大的小的?
Dà de xiǎo de?

큰 거요, 작은 거요?

B : 我要大的。
Wǒ yào dà de.

큰 거요.

❷ 중간에 '또는'이라는 뜻의 '还是 háishi'가 생략된 표현입니다.

员工

秀英

你要买什么?
Nǐ yào mǎi shénme?
어떤 거 사시게요?

我要买些饮料，饮料在哪儿?
Wǒ yào mǎi xiē yǐnliào, yǐnliào zài nǎr?
음료를 좀 사려고 하는데 음료는 어디에 있나요?

在❸那边。
Zài nàbiān.
저쪽에 있어요.

谢谢。
Xièxie.
감사합니다.

一瓶可乐多少钱?
Yì píng kělè duōshao qián?
콜라 한 병에 얼마인가요?

大的小的?
Dà de xiǎo de?
큰 거요, 작은 거요?

我要大的。
Wǒ yào dà de.
큰 거요.

一瓶四块。可乐❹有优惠活动，买五瓶送一瓶。
Yì píng sì kuài. Kělè yǒu yōuhuì huódòng, mǎi wǔ píng sòng yì píng.
한 병에 4위안입니다. 콜라는 지금 5병을 사면 1병 더 주는 행사를 하고 있어요.

不用了，买一瓶❺就够了。
Bú yòng le, mǎi yì píng jiù gòu le.
괜찮아요, 한 병이면 돼요.

好的，请到那边付钱。
Hǎo de, qǐng dào nàbiān fù qián.
알겠습니다. 저쪽에 가서 계산하시면 됩니다.

好的，谢谢。
Hǎo de, xièxie.
네, 감사합니다.

01 의문대명사 什么

'什么 shénme'는 '어느, 어떤, 무슨'의 뜻을 가진 의문대명사로 '什么 shénme' 자체가 의문을 나타내기 때문에 '吗 ma'를 쓰지 않습니다.

- 我们吃什么?
  Wǒmen chī shénme?

  우리 뭐 먹어요?

- 这是什么?
  Zhè shì shénme?

  이건 뭔가요?

- 你说什么?
  Nǐ shuō shénme?

  무슨 말인가요?

- 什么地方好玩儿?
  Shénme dìfang hǎo wánr?

  어디가 놀기 좋은가요?

02 조금, 약간 (一)些

'(一)些 (yì)xiē'는 술어 뒤에 쓰여 '조금, 약간' 등을 나타냅니다. 이때 '一 yī'는 생략 가능하며 쓰임이 비슷한 '一点儿(yìdiǎnr)'과 비교했을 때 '(一)些 (yì)xiē'가 양이 조금 더 많습니다.

- 做一些菜。
  Zuò yìxiē cài

  요리를 좀 만듭니다.

- 买一些衣服。
  Mǎi yìxiē yīfu

  옷을 좀 삽니다.

- 哪个好一些?
  Nǎge hǎo yìxiē?

  어느 것이 좀 더 좋은가요?

- 多吃一些东西。
  Duō chī yìxiē dōngxi.

  뭘 좀 많이 드세요.

03 수를 묻는 의문대명사 多少

'多少 duōshao'는 수를 묻는 의문대명사로 '몇'의 뜻을 가진 '几 jǐ'와 비교했을 때 '几 jǐ'는 10 이하로 수가 작은 경우, '多少 duōshao'는 10 이상으로 수가 큰 경우 사용합니다.

- 你要买多少?
  Nǐ yào mǎi duōshao?

  얼마나 사시겠어요? (얼마에 사시겠어요?)

- 手机号码是多少?
  Shǒujī hàomǎ shì duōshao?

  휴대전화 번호가 어떻게 되나요?

- 这个多少钱?
  Zhège duōshao qián?

  이건 얼마인가요?

- 多少钱一斤(一斤多少钱)?
  Duōshao qián yì jīn(Yì jīn duōshao qián)?

  한 근에 얼마인가요?

04 명사구를 만드는 구조조사 的

'的 de'는 '~의'라는 뜻을 가진 구조조사로 주로 수식이나 종속 관계를 나타내지만 명사, 동사, 형용사의 뒤에 쓰여 명사화된 '的 자' 구조를 만들기도 합니다.

- 我要新的。
  Wǒ yào xīn de.

  저는 새것을 원해요.

- 这是厚的。
  Zhè shì hòu de.

  이건 두꺼운 거예요.

- 我喜欢红的。
  Wǒ xǐhuan hóng de.

  저는 빨간 것을 좋아해요.

- 这个很漂亮的。
  Zhè ge hěn piàoliang de.

  이건 정말 예쁜 거예요.

05 중국의 화폐 단위

'块 kuài'는 중국의 화폐 단위를 나타내며 서면으로 쓸 때에는 '元 yuán'이라고 쓰고 '块 kuài'와 '元 yuán' 모두 한국어로는 '위안'이라고 해석합니다.
'块 kuài' 보다 낮은 단위로는 '毛(角) máo(jiǎo)'가 있고 그 아래 단위로 '分 fēn'이 있습니다.

- 一个七块。
  Yí ge qī kuài.

  한 개에 7위안입니다.

- 一斤十块。
  Yì jīn shí kuài.

  한 근에 10위안입니다.

- 一件九块五。
  Yí jiàn jiǔ kuài wǔ.

  한 벌에 9.5위안입니다.

  * 회화에서 '毛(角) máo(jiǎo)' 단위는 자주 생략됩니다.

- 一张五块。
  Yì zhāng wǔ kuài.

  한 장에 5위안입니다.

06 주다, 선물하다 送

동사 '送 sòng'은 기본적으로 '보내다'라는 뜻이 있는데요, '보내다'라는 뜻 외에도 '주다, 선물하다, 증정하다'의 의미도 가지고 있습니다.

- 送你一本书。
  Sòng nǐ yì běn shū.

  책 한 권을 줄게요.

- 这是免费送的。
  Zhè shì miǎnfèi sòng de.

  이건 무료로 드리는 거예요.

- 送你一支玫瑰花。
  Sòng nǐ yì zhī méiguīhuā.

  장미 한 송이를 선물로 드려요.

- 送他什么礼物?
  Sòng tā shénme lǐwù?

  그에게 어떤 선물을 줄까요?

✱✱ 중국에서 물건 구매 시 주의사항

중국 화폐는 가장 큰 100위안부터, 50위안, 20위안, 10위안, 5위안, 1위안 지폐와 1위안, 5마오, 1마오 동전 등이 사용되고 있는데요, 요즘은 실물 화폐보다는 위챗페이(WeChat Pay), 알리페이(Alipay)와 같은 앱을 사용한 모바일 결제 서비스 사용이 더 보편화되어 있습니다. 우리나라는 주로 신용카드를 사용하고 있지만 중국은 신용카드를 사용하지 않고 거의 모든 사람들이 모바일 결제를 사용합니다. 하지만 위챗페이 같은 경우는 외국인 카드 등록을 제한하고 있어서, 위챗페이 충전 서비스 업체를 통해 충전을 해야 합니다. 알리페이는 최근 외국인도 카드 등록을 할 수 있도록 규정이 변경됐어요. 사용하실 때 참고하시기 바랍니다. 위챗페이든, 알리페이든 충전해 놓으면 중국 사이트에서 물건을 구매할 때도 유용하게 쓸 수 있으니까요, 기회가 되실 때 충전해서 사용해 보시기 바랍니다!

재미있는 여행을 위한 짧은 Tip

중국 마트에 가면 재미있는 구경거리가 많습니다. 실제로 한국에는 없는 오이맛 과자, 벚꽃 맛 과자, 산자 맛 아이스크림 등 독특한 맛의 간식거리들이 있는가 하면 2.5L 콜라, 상어 고기, 오리 머리, 분말형 우유 등 한국에서는 쉽게 볼 수 없는 다양한 식료품들을 볼 수 있습니다. '마트가 다 똑같겠지'라고 생각하지 마시고 중국에 가면 꼭 한 번 들러보시기 바랍니다.

01 음성을 반복적으로 들으며 성조를 표시하고 한국어 뜻도 함께 써 보세요.

🎧 C8_05

예시
∨ ㅡ
老师
선생님

① 多少钱
_____

② 大的
_____

③ 饮料
_____

④ 优惠
_____

⑤ 活动
_____

⑥ 够了
_____

02 다음 문장에 대한 병음과 한국어 뜻을 함께 써 보세요.

① 我要买些饮料，饮料在哪儿？

(병음)

(한국어)

② 一瓶可乐多少钱？

(병음)

(한국어)

③ 可乐有优惠活动，买五瓶送一瓶。

(병음)

(한국어)

03 다음 보기의 단어를 넣어 문장을 완성해 보세요.

보기 | 送　块　的　多少　一些　什么

① 你要买(　　)?
② 我喜欢红(　　)。
③ 一张两(　　)。
④ (　　)地方好玩儿?
⑤ (　　)他什么礼物?
⑥ 多吃(　　)东西。

04 다음 단어를 조합하여 문장을 완성해 보세요.

① 斤 / 多少 / 钱 / 一

_____

② 这 / 的 / 很 / 是 / 漂亮

_____

③ 送 / 是 / 免费 / 这 / 的

_____

01 1 duōshao qián 얼마인가요   2 dà de 큰 것   3 yǐnliào 몡 음료

4 yōuhuì 몡 할인, 혜택   5 huódòng 몡 행사, 이벤트   6 gòu le 충분하다

02 1 Wǒ yào mǎi xiē yǐnliào, yǐnliào zài nǎr?
음료를 좀 사려고 하는데 음료는 어디에 있나요?

2 Yì píng kělè duōshao qián? 콜라 한 병에 얼마인가요?

3 Kělè yǒu yōuhuì huódòng, mǎi wǔ píng sòng yì píng.
콜라는 지금 5병을 사면 1병 더 주는 행사를 하고 있어요.

03 1 多少   2 的   3 块   4 什么   5 送   6 一些

04 1 多少钱一斤?(一斤多少钱?)   2 这是很漂亮的。   3 这是免费送的。

🚄 **설명(공부하기)**

❸ '那边 nàbiān'은 '儿 er'을 붙여 '那边儿 nàbiānr'이라고 말하기도 합니다. 그리고 '이쪽'은 '这边 zhèbiān' 또는 '这边儿 zhèbiānr'이라고 합니다.

❹ '~한 행사 중이다'라고 할 때는 '~한 행사가 있다'라는 '有……活动 yǒu……huódòng'이라고 표현합니다.

❺ '就 jiù'에는 '곧, 바로', '오직, 단지', '이미, 벌써' 등 다양한 뜻이 있는데요, 여기서는 '어떠한 조건 이나 상황에서 자연스럽게 어떤 결과가 발생함'을 나타냅니다.

钱 qián 　명 돈

块 kuài 　명 위안 (중국의 화폐 단위)

优惠 yōuhuì 　명 할인, 혜택

活动 huódòng 　명 행사, 이벤트

饮料 yǐnliào 　명 음료

那边 nàbiān 　대 저기, 저쪽

员工 yuángōng 　명 직원

地方 dìfang 　명 지역, 장소

玩儿 wánr 　동 놀다

做 zuò 　동 하다

多 duō 　형 많다

号码 hàomǎ 　명 번호

斤 jīn 　양 근

新 xīn 　형 새롭다

厚 hòu 　형 두껍다

红 hóng 　형 빨갛다

漂亮 piàoliang 　형 예쁘다

本 běn 　양 권

书 shū 　명 책

免费 miǎnfèi 　명동 무료(로 하다)

支 zhī 　양 자루, 줄기(가늘고 긴 물건을 세는 단위)

玫瑰花 méiguīhuā 　명 장미

礼物 lǐwù 　명 선물

超市 chāoshì 　명 슈퍼마켓

入口 rùkǒu 　명 입구

出口 chūkǒu 　명 출구

购物车 gòuwùchē 　명 쇼핑카트, 장바구니

收银台 shōuyíntái 　명 계산대

会员卡 huìyuánkǎ 　명 회원카드

顾客 gùkè 　명 고객

特别推荐 tèbié tuījiàn 　명 특별 추천

促销商品 cùxiāo shāngpǐn 　명 프로모션 상품

特价商品 tèjià shāngpǐn 　명 특가 상품

超低价 chāo dī jià 　명 최저가

袋子 dàizi 　명 봉지, 쇼핑백

买一赠一 mǎi yī zèng yī 　1+1

赠送 zèngsòng 　명 증정

保质期 bǎozhìqī 　명 유통기한

提供 tígōng 　동 제공하다

服务 fúwù 　동 서비스하다

送货 sòng huò 　동 배달하다

特产 tèchǎn 　명 특산품

新鲜 xīnxiān 　형 신선하다

安全 ānquán 　명형 안전(하다)

安心 ānxīn 　동 안심하다

营养 yíngyǎng 　명 영양

无公害食品 wúgōnghài shípǐn 　명 무공해 식품

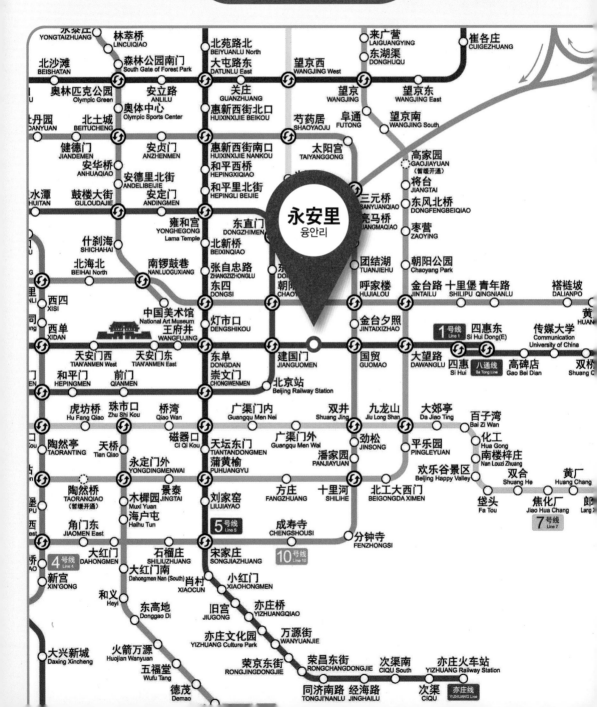

永安里
Yǒng'ānlǐ
융안리

三元桥 → 09 → 中关村

명품보다 유명한 가품 시장이 있는

이번 역은 융안리입니다.

융안리(永安里 Yǒng'ānlǐ)역 근처에는 베이징에서 유명한 가품 시장이 있습니다. 바로 시우쉐이제(秀水街 Xiùshuǐ Jiē)인데요, 시계부터 가방, 옷, 신발 등 정말 많고 다양한 가품들을 파는 곳으로 보다 보면 이게 진짜 가품이야?라는 생각이 들 정도로 진짜와 똑같은 물건들도 있습니다. 정부의 규제로 많은 가품 시장이 없어졌지만 이곳만은 관광지로 다시 만들어져 외국인들을 유치하고 있는데요, 외국인을 상대로 하는 곳인 만큼 흥정을 잘해야 싼값에 좋은 물건을 살 수 있습니다.

오늘은?

물건을 구매할 때 가격을 흥정할 수 있습니다.

🎧 C9_01   이번 역의 포인트 단어입니다.
준비하기

卖 mài 동 팔다

贵 guì 형 비싸다

能 néng 조동 ~할 수 있다

再 zài 부 다시, 더

低 dī 형 낮다

开玩笑 kāiwánxiào 동 농담하다, 웃기다, 놀리다

来 lái 동 오다

送 sòng 동 선물하다

给 gěi 동 ~에게 ~을 주다

可是 kěshì 접 그러나, 하지만

已经 yǐjīng 부 이미, 벌써

赔钱 péiqián 동 밑지다, 손해를 보다

✓ 본문 대화 내용 중 이 문장만은 꼭 기억해 주세요!

가격 흥정하기 1 🎧 C9_02

A : 这个手表❶怎么卖?
Zhège shǒubiǎo zěnme mài?

이 시계 어떻게 파나요?

B : ❷一千一。
Yìqiān yī.

1,100위안입니다.

❶ 가격을 물어볼 때 '多少钱 duōshao qián' 말고 '어떻게 파나요'라는 뜻의 '怎么卖 zěnme mài'라고 하기도 합니다.

❷ '一千一百 yìqiān yìbǎi'에서 '百bǎi'가 생략된 표현으로 백단위 이상에서는 그 바로 다음 단위수를 생략하여 말할 수 있습니다.

가격 흥정하기 2 🎧 C9_03

A : 太贵了, 能便宜点儿吗?
Tài guì le, néng piányi diǎnr ma?

너무 비싸네요. 좀 싸게 해 주실 수 있나요?

B : ❸九百五, 不能再低了。
Jiǔbǎi wǔ, bù néng zài dī le.

950위안에 드릴게요. 더 싸게는 안 돼요.

❸ 금액을 말할 때 마지막 화폐 단위는 생략하고 말하는 경우가 많습니다.

安迪

服务员

这个手表怎么卖?
Zhège shǒubiǎo zěnme mài?
이 시계 어떻게 파나요?

一千一。
Yìqiān yī.
1,100위안입니다.

一千一? 太贵了, 便宜点儿。
Yìqiān yī? Tài guì le, piányi diǎnr.
1,100위안이요? 너무 비싸네요. 좀 싸게 해 주세요.

你想多少钱?
Nǐ xiǎng duōshao qián?
얼마 생각하세요?

八百。
Bābǎi.
800위안이요.

别开玩笑, 这是名牌的。
不能再低了。
Bié kāiwánxiào, zhè shì míngpái de.
Bù néng zài dī le.
농담하지 마세요. 이거 명품이에요. 더 싸게
는 안 돼요.

再便宜点儿好吗? 我想送给
女朋友, ❹可是钱不够了。
Zài piányi diǎnr hǎo ma? Wǒ xiǎng sòng gěi
nǚpéngyou, kěshì qián bú gòu le.
조금만 더 깎아주시면 안 돼요? 여자친구한테 선물하
고 싶은데 돈이 모자라요.

来, 九百五给你。我已经赔钱
了。
Lái, jiǔbǎi wǔ gěi nǐ. Wǒ yǐjīng péiqián le.
오세요. 950위안에 드릴게요. 저는 이미 손해라고요.

好的, 谢谢!
Hǎo de, xièxie!
좋습니다. 감사합니다!

你❺很会讨价还价啊!
Nǐ hěn huì tǎojiàhuánjià a!
정말 흥정을 잘하시는군요!

단어 설명 129p

01 수의 단위 百/千/万

중국어로 백의 단위는 '百 bǎi', 천의 단위는 '千 qiān', 만의 단위는 '万 wàn'이라고 하며 회화에서는 주로 마지막 단위는 생략하고 말합니다.

· 五百五（十） wǔbǎi wǔ(shí)	550
· 一千一百二（十） yìqiān yìbǎi èr(shí)	1120
· 两千七（百） liǎngqiān qī(bǎi)	2700
· 三千零五 sānqiān líng wǔ	3005

➕ * '0'이 중간에 두 번 이상 나올 때는 한 번만 말하면 됩니다.

02 다시, 또 再

부사 '再 zài'는 '또, 다시, 재차'의 뜻을 가지고 있으며 같은 동작이나 행동이 반복되거나 계속됨을 나타내는 표현으로 주로 아직 실현되지 않은 것을 가리킵니다.

· 明天再说吧。 Míngtiān zài shuō ba.	내일 다시 얘기해요.
· 再来一瓶啤酒。 Zài lái yì píng píjiǔ.	맥주 한 병 더 주세요.
· 下午再来吧。 Xiàwǔ zài lái ba.	오후에 다시 오세요.
· 请你再说一遍。 Qǐng nǐ zài shuō yí biàn.	다시 한 번 말씀해 주세요.

03   ~할 수 있다 能

조동사 '能 néng'은 '～할 수 있다', '～할 능력이 된다'라는 뜻으로 능력이나 조건이 어떤 수준에 도달해 가능함을 나타내는 표현입니다.

- **你能来吗?**
  Nǐ néng lái ma?

  당신은 올 수 있나요?

- **这个问题能解决。**
  Zhège wèntí néng jiějué.

  이 문제는 해결할 수 있습니다.

- **我能吃辣的。**
  Wǒ néng chī là de.

  저는 매운 것을 먹을 수 있습니다.

* '能 néng'의 부정 표현은 '不能 bù néng'입니다.

- **他不能来。**
  Tā bù néng lái.

  그는 올 수 없습니다.

- **这本书现在不能买。**
  Zhè běn shū xiànzài bù néng mǎi.

  이 책은 지금은 살 수 없습니다.

04 ~하는 게 어때요? 好吗?

'好吗 hǎo ma'는 '~하는 게 어때요?'라는 뜻으로 상대방의 의견을 물을 때 사용하는 표현입니다.

- 下次再来好吗?
  Xiàcì zài lái hǎo ma?

  다음에 다시 오셔야 해요, 아셨죠?

- 请你理解我一下好吗?
  Qǐng nǐ lǐjiě wǒ yíxià hǎo ma?

  저 좀 이해해 주실 수 있죠?

- 请你再说一遍，好吗?
  Qǐng nǐ zài shuō yí biàn, hǎo ma?

  다시 한 번 말씀해 주시겠어요?

- 咱们一起吃饭，好吗?
  Zánmen yìqǐ chī fàn, hǎo ma?

  우리 같이 밥 먹어요, 어때요?

05 전환관계를 나타내는 접속사 可是

접속사 '可是 kěshì'는 '그러나, 하지만'의 뜻을 가지고 앞절과 뒷절을 전환관계로 이어주는 표현입니다. 비슷한 표현으로 '但是 dànshì', '然而 rán'ér', '不过 búguò' 등이 있습니다.

- 我想去，可是天气太热了。
  Wǒ xiǎng qù, kěshì tiānqì tài rè le.

  저도 가고 싶은데, 날이 너무 덥네요.

- 想买一个手表，可是钱不够。
  Xiǎng mǎi yí ge shǒubiǎo, kěshì qián bú gòu.

  손목시계를 사고 싶은데, 돈이 모자라요.

- 那家烤鸭很好吃，可是人太多。
  Nà jiā kǎoyā hěn hǎochī, kěshì rén tài duō.

  그 집 카오야 정말 맛있는데, 사람이 너무 많아요.

- 这件衣服很好看，可是太贵了。
  Zhè jiàn yīfu hěn hǎokàn, kěshì tài guì le.

  이 옷은 예쁜데, 너무 비싸요.

06 이미, 벌써 已经

'已经 yǐjīng'은 '이미, 벌써' 등을 나타내는 부사로 주로 이미 발생한 일에 쓰며 '了 le'와 자주 호응하여 사용됩니다.

• 天已经黑了。
  Tiān yǐjīng hēi le.

날이 이미 어두워졌습니다.

• 他已经到了。
  Tā yǐjīng dào le.

그는 이미 도착했습니다.

• 她已经结婚了。
  Tā yǐjīng jiéhūn le.

그녀는 이미 결혼했습니다.

• 我已经买了。
  Wǒ yǐjīng mǎi le.

저는 이미 샀습니다.

재미있는 여행을 위한 짧은 Tip

가품 시장에서 물건을 살 때는 처음 들어간 가게에서 한 번에 사기보다는 다양하게 둘러 본 후 구매하는 것이 좋습니다. 같은 물건이라도 가게마다 금액이 다르고 품질도 다를 수 있기 때문에 사고 싶은 물건이 있을 경우 가격을 물어보고 다른 가게에 가서 비교해 보고 사야 좋은 물건을 싼값에 구매할 수 있습니다.

01 음성을 반복적으로 들으며 성조를 표시하고 한국어 뜻도 함께 써 보세요.

🎧 C9_05

예시
ˇ ‒
老师
선생님

☐☐
1 手表
_____

☐☐
2 便宜
_____

☐☐
3 赔钱
_____

☐☐☐
4 开玩笑
_____

☐☐
5 名牌
_____

☐☐☐
6 女朋友
_____

02 다음 문장에 대한 병음과 한국어 뜻을 함께 써 보세요.

1 这个手表怎么卖?

(병음)

(한국어)

2 别开玩笑，这是名牌的。不能再低了。

(병음)

(한국어)

3 九百五给你。我已经赔钱了。

(병음)

(한국어)

03 다음 보기의 단어를 넣어 문장을 완성해 보세요.

보기 已经　可是　好吗　再　能　千

① (　　)来一瓶啤酒。
② 下次再来(　　)?
③ 天(　　)黑了。
④ 想买一个手表，(　　)钱不够。
⑤ 我(　　)吃辣的。
⑥ 三(　　)零五

04 다음 단어를 조합하여 문장을 완성해 보세요.

① 问题 / 能 / 这个 / 解决

_____

② 你 / 请 / 说 / 一遍 / 再

_____

③ 已经 / 了 / 她 / 结婚

_____

01 1 shǒubiǎo 명 손목시계
2 piányi 형 싸다
3 péiqián 동 밑지다, 손해를 보다
4 kāiwánxiào 농담하다, 웃기다, 놀리다
5 míngpái 명 브랜드, 유명 상표
6 nǚpéngyou 명 여자친구

02 1 Zhège shǒubiǎo zěnme mài? 이 시계 어떻게 파나요?
2 Bié kāiwánxiào, zhè shì míngpái de. Bù néng zài dī le. 농담하지 마세요, 이거 명품이에요. 더 싸게는 안 돼요.
3 Jiǔbǎi wǔ gěi nǐ. Wǒ yǐjīng péiqián le. 950위안에 드릴게요. 저는 이미 손해라고요.

03 1 再   2 好吗   3 已经   4 可是   5 能   6 千

04 1 这个问题能解决。   2 请你再说一遍。   3 她已经结婚了。

🚄 설명(공부하기)

❹ 같은 뜻으로 '但是 dànshì'도 '하지만, 그렇지만' 등의 역접 관계를 나타냅니다.

❺ '会 huì'는 '~을 할 줄 안다'는 뜻 외에도 '능숙하다, 잘하다'의 뜻을 가지고 있으며 '~을 잘한다'라고 할 때 '很会 hěn huì'라고 표현합니다.

手表 shǒubiǎo　명 손목시계　　千 qiān　수 천　　百 bǎi　수 백

讨价还价 tǎojiàhuánjià　흥정하다

问题 wèntí　명 문제　　解决 jiějué　동 해결하다　　辣 là　형 맵다

下午 xiàwǔ　명 오후　　遍 biàn　양 번, 회　　下次 xiàcì　명 다음 번

理解 lǐjiě　동 이해하다　　黑 hēi　형 어둡다　　结婚 jiéhūn　명동 결혼(하다)

专卖店 zhuānmàidiàn　명 전문점　　百货商场 bǎihuò shāngchǎng　명 백화점

商店 shāngdiàn　명 상점, 가게　　市场 shìchǎng　명 시장　　大衣 dàyī　명 외투, 오버코트

裙子 qúnzi　명 치마　　裤子 kùzi　명 바지　　牛仔裤 niúzǎikù　명 청바지

珍珠 zhēnzhū　명 진주　　手提包 shǒutíbāo　명 핸드백　　太阳镜 tàiyángjìng　명 선글라스

耳环 ěrhuán　명 귀걸이　　围巾 wéijīn　명 스카프, 목도리　　领带 lǐngdài　명 넥타이

退货 tuìhuò　명동 반품(하다)　　退款 tuìkuǎn　명동 환불(하다)　　收据 shōujù　명 영수증

镜子 jìngzi　명 거울　　假的 jiǎ de　명 가짜　　正品 zhèngpǐn　명 정품

二手 èrshǒu　명 중고

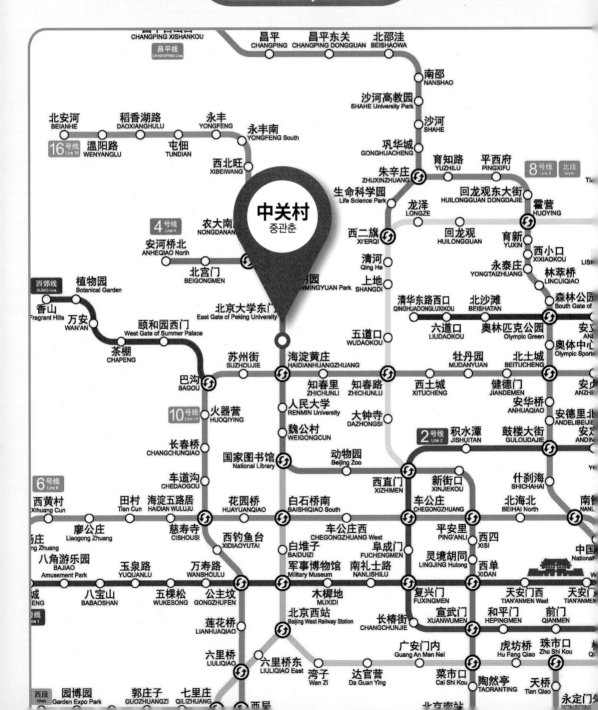

모든 전자제품이 모여 있는

이번 역은 중관춘입니다.

중국의 실리콘밸리라 불리는 중관춘(中关村 Zhōngguāncūn)은 한국의 용산 전자상가와 비슷한 전자제품 전문 쇼핑센터이자 다양한 IT 기업들이 자리 잡고 있는 곳으로 여러 종류의 전자제품들을 비교해보거나 중국 전자제품들의 트렌드를 알고 싶을 때 이곳을 추천합니다. 바이두(百度 Bǎidù), 샤오미(小米 Xiǎomǐ), 디디추싱(滴滴出行 Dīdīchūxíng) 등 여러 스타트업 기업들을 탄생시킨 이곳에서 비싼 전자제품을 사지 못하더라도 여행에 꼭 필요한 SIM 카드를 구매해 사용해 보는 건 어떨까요?

오늘은?

SIM 카드를 구매해 사용할 수 있습니다.

🎧C10_01　이번 역의 포인트 단어입니다.
준비하기

可以 kěyǐ 조동 ~해도 된다

带 dài 동 지니다, 휴대하다

留学 liúxué 명동 유학(하다)

旅游 lǚyóu 명동 여행(하다)

还是 háishi 접 아니면, 또는

推荐 tuījiàn 동 추천하다

正在 zhèngzài 부 ~하는 중이다

打折 dǎzhé 동 세일하다

漫游 mànyóu 동 자유롭게 유람하다, 로밍(roaming)하다

包 bāo 동 포함하다, 포괄하다

✓ 본문 대화 내용 중 이 문장만은 꼭 기억해 주세요!

SIM 카드 구매하기 1 🎧 C10_02

A : 我要买SIM卡。
Wǒ yào mǎi SIM kǎ.
SIM카드 사려고요.

B : 看看吧，这是流量❶套餐。
Kànkan ba, zhè shì liúliàng tàocān.
여기, 데이터 요금제 보세요.

❶ '套餐 tàocān'은 원래 세트 음식을 말하는데요, 데이터 요금제를 말할 때도 사용할 수 있습니다.

SIM 카드 구매하기 2 🎧 C10_03

A : 外国人也可以买SIM卡吗?
Wàiguórén yě kěyǐ mǎi SIM kǎ ma?
외국인도 SIM카드 살 수 있나요?

B : 可以。
Kěyǐ.
가능합니다.

安迪 服务员

你好！我要买SIM卡。
Nǐ hǎo! Wǒ yào mǎi SIM kǎ.
안녕하세요! SIM카드 사려고요.

你好！您看看，这是流量套餐。
Nǐ hǎo! nín kànkan, zhè shì liúliàng tàocān.
안녕하세요! 여기, 데이터 요금제 보세요.

外国人也可以买SIM卡吗?
Wàiguórén yě kěyǐ mǎi SIM kǎ ma?
외국인도 SIM카드 살 수 있나요?

可以。你带护照了吗?
Kěyǐ. Nǐ dài hùzhào le ma?
가능합니다. 여권 가져오셨나요?

带了。
Dài le.
가져왔어요.

那就可以了。你是留学的还是❷旅游的?
Nà jiù kěyǐ le. Nǐ shì liúxué de háishi lǚyóu de?
그럼 가능합니다. 유학이세요? 여행이세요?

旅游的。
Lǚyóu de.
여행이에요.

那我给你推荐一下吧，这是10GB全国漫游流量，月❸包的。正在打折。
Nà wǒ gěi nǐ tuījiàn yíxià ba, zhè shì 10GB quánguó mànyóu liúliàng, yuè bāo de. Zhèngzài dǎzhé.
그럼 제가 추천해 드릴게요. 이건 10기가 국내 로밍 데이터입니다. 한 달 짜리고 지금 할인행사 중이에요.

多少钱?
Duōshao qián?
얼마인가요?

三十块。
Sānshí kuài.
30위안이요.

好的，我买这个吧。
Hǎo de, wǒ mǎi zhège ba.
좋아요. 이거 살게요.

🎧 C10_04

01 동사의 중첩

1음절 동사를 중첩할 때는 'AA' 또는 'A—A' 형식으로 쓰며 '한번 ~하다' 등 가볍고 부드러운 느낌을 나타냅니다.

- **您尝尝吧。**
  Nín chángchang ba.
  한번 드셔 보세요.

- **这件衣服你试试吧。**
  Zhè jiàn yīfu nǐ shìshi ba.
  이 옷 한번 입어 보세요.

- **你再想一想。**
  Nǐ zài xiǎng yi xiǎng.
  다시 한번 생각해 보세요.

- **你来看看吧。**
  Nǐ lái kànkan ba.
  와서 한번 보세요.

02 ~해도 된다 可以

조동사 '可以 kěyǐ'는 '~할 수 있다', '~해도 된다'라는 의미로 동사 앞에 위치해 '가능, 허가' 등을 나타냅니다.

- **我可以抽烟吗?**
  Wǒ kěyǐ chōuyān ma?
  담배 피워도 되나요?

- **在这儿可以拍照吗?**
  Zài zhèr kěyǐ pāizhào ma?
  여기서 사진 찍어도 되나요?

- **你可以看看。**
  Nǐ kěyǐ kànkan.
  봐도 됩니다.

- **这个可以生吃。**
  Zhège kěyǐ shēng chī.
  이건 생으로 먹을 수 있습니다.

03 지니다, 휴대하다 带

동사 '带 dài'는 '지니다, 휴대하다'의 뜻을 가지고 있으며 주로 물건 등을 휴대하고 있는 상태를 표현합니다.

- 可以带多少钱?
  Kěyǐ dài duōshao qián?

  얼마를 가져갈 수 있나요?

- 你带雨伞了吗?
  Nǐ dài yǔsǎn le ma?

  우산 가져왔어요?

- 我没带钱包。
  Wǒ méi dài qiánbāo.

  저 지갑을 안 가져왔습니다.

- 这儿不能带手机。
  Zhèr bù néng dài shǒujī.

  여기는 휴대전화를 가져오면 안 됩니다.

04 변화 또는 새로운 일 발생을 나타내는 了

어기조사 '了 le'는 문장 끝에 쓰여 주로 상황이이나 상태가 변했거나, 새로운 일이 발생했음을 나타냅니다.

- 我买手机了。
  Wǒ mǎi shǒujī le.

  저는 휴대전화를 샀습니다.

- 他去大连了。
  Tā qù Dàlián le.

  그는 다롄에 갔습니다.

- 她当老师了。
  Tā dāng lǎoshī le.

  그녀는 선생님이 됐습니다.

- 你瘦了。
  Nǐ shòu le.

  (상대방에게) 살이 좀 빠졌네요.

실전여행

05 선택의문문 还是

'还是 háishi'는 '아니면, 또는'의 뜻을 가진 접속사로 'A 还是 háishi B'의 형식으로 쓰여 상대방에게 'A 아니면 B'를 선택하도록 할 때 쓰는 표현입니다.

- 你要喝咖啡还是喝茶?　　　　　　　커피 마시겠어요? 차 마시겠어요?
  Nǐ yào hē kāfēi háishi hē chá?

- 你要上午来还是下午来?　　　　　　오전에 오시겠어요? 오후에 오시겠어요?
  Nǐ yào shàngwǔ lái háishi xiàwǔ lái?

- 我们去北京还是去上海?　　　　　　우리는 베이징을 갈까요? 상하이를 갈까요?
  Wǒmen qù Běijīng háishi qù Shànghǎi?

- 我们坐公交车还是坐地铁?　　　　　우리는 버스를 탈까요? 지하철을 탈까요?
  Wǒmen zuò gōngjiāochē háishi zuò dìtiě?

06 진행형 正在

'正在 zhèngzài'는 상황이나 동작이 진행되고 있음을 나타내는 부사로 '~하는 중이다, ~하고 있는 중이다'라는 뜻을 가지고 있습니다.

- 正在下雨。　　　　　　　　지금 비가 내리고 있습니다.
  Zhèngzài xià yǔ.

- 我正在看电视。　　　　　　저는 지금 TV를 보고 있습니다.
  Wǒ zhèngzài kàn diànshì.

- 他正在踢足球。　　　　　　그는 지금 축구를 하고 있습니다.
  Tā zhèngzài tī zúqiú.

- 爸爸正在睡觉。　　　　　　아빠는 지금 주무시고 계십니다.
  Bàba zhèngzài shuìjiào.

** 중국의 3대 통신사

우리나라의 KT, SKT, LGU+ 처럼 중국에도 3대 통신사가 있는데요, 바로 차이나유니콤(中国联通), 차이나텔레콤(中国电信), 차이나모바일(中国移动)입니다. 이 3대 통신사의 요금제를 간단하게 소개해 드릴게요, 먼저 차이나 유니콤은 100위안(한화 약 17,000원)으로 한 달 동안 데이터 3GB 사용이 가능한 요금제가 있고요, 차이나 텔레콤은 99위안(한화 약 17,000원)으로 한 달 동안 음성통화 300분에 데이터 20GB를 제공하는 요금제가 있습니다. 마지막으로 차이나 모바일은 108위안(한화 약 18,500원)을 내면 한 달 동안 국내 음성통화 300분, 1GB의 데이터를 쓸 수 있습니다. 물론 이 요금제들은 상황에 따라 자주 변경되니까요, 100위안이면 대략 이 정도를 사용할 수 있다는 것만 알고 계시면 좋을 거 같습니다!

재미있는 여행을 위한 짧은 Tip

공항에 있는 통신사 또는 가까운 통신사를 찾아가 여권을 제시하면 중국 전화번호를 구매할 수 있습니다. 그리고 중국은 선불 구매도 가능하기 때문에 짧은 여행이라면 선불로 데이터를 구매해 사용하시는 것을 추천합니다. 단, 로밍이 아닌 중국 번호로 인터넷을 할 경우 한국 사이트나 SNS 등의 접속에 제한이 있으니 이 점 참고해 주세요.

01 음성을 반복적으로 들으며 성조를 표시하고 한국어 뜻도 함께 써 보세요.

🎧 C10_05

예시

ˇ ─
老师
선생님

① 看看

② 流量

③ 外国人

④ 护照

⑤ 可以

⑥ 打折

02 다음 문장에 대한 병음과 한국어 뜻을 함께 써 보세요.

① 外国人也可以买SIM卡吗？

(병음)

(한국어)

② 你是留学的还是旅游的？

(병음)

(한국어)

③ 那我给你推荐一下吧。

(병음)

(한국어)

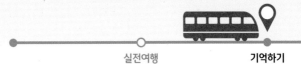

03   다음 보기의 단어를 넣어 문장을 완성해 보세요.

보기   正在   还是   了   带   可以   试试

① 我( )抽烟吗？
② 我买手机( )。
③ 你要喝咖啡( )喝茶？
④ 这件衣服你( )吧。
⑤ 你( )雨伞吗？
⑥ 我( )看电视。

04   다음 단어를 조합하여 문장을 완성해 보세요.

① 来 / 你 / 吧 / 看看

_____

② 吗 / 在 / 可以 / 这儿 / 拍照

_____

③ 正在 / 踢 / 他 / 足球

_____

정답

01
①kànkan 좀 보다 　　②liúliàng 몡 통신데이터 　　③wàiguórén 몡 외국인
④hùzhào 몡 여권 　　⑤kěyǐ 조동 ~해도 된다 　　⑥dǎzhé 통 세일하다

02
①Wàiguórén yě kěyǐ mǎi SIM kǎ ma? 외국인도 SIM카드 살 수 있나요?
②Nǐ shì liúxué de háishi lǚyóu de? 유학이세요? 여행이세요?
③Nà wǒ gěi nǐ tuījiàn yíxià ba. 그럼 제가 추천해 드릴게요.

03
①可以 　②了 　③还是 　④试试 　⑤带 　⑥正在

04
①你来看看吧。　②在这儿可以拍照吗？　③他正在踢足球。

설명(공부하기)

❷ '旅游 lǚyóu'와 비슷한 표현으로 '旅行 lǚxíng', '漫游 mànyóu' 등이 있습니다.

❸ '包 bāo'는 원래 '꾸러미, 싸매다' 등의 뜻을 가지고 있는데요, 여기서는 '포괄하다'라는 의미로 '한 달 전체'를 말합니다.

SIM卡 SIM kǎ　　명 SIM카드

外国人 wàiguórén　　명 외국인

流量 liúliàng　　명 통신데이터

护照 hùzhào　　명 여권

套餐 tàocān　　명 세트

全国 quánguó　　명 전국

拍(照) pāi(zhào)　　동 사진을 찍다

没 méi　　부 ~않다, 없다

茶 chá　　명 차

电视 diànshì　　명 TV

生 shēng　　형 날것이다, 생것이다

大连 Dàlián　　고유 다롄(지명)

上午 shàngwǔ　　명 오전

踢 tī　　동 차다

雨伞 yǔsǎn　　명 우산

喝 hē　　동 마시다

下雨 xià yǔ　　동 비가 내리다

足球 zúqiú　　명 축구

电话 diànhuà　　명 전화

网络 wǎngluò　　명 인터넷, 네트워크

平板电脑 píngbǎn diànnǎo　　명 태블릿PC

蓝牙 lányá　　명 블루투스

中国联通 Zhōngguó liántōng

中国电信 Zhōngguó diànxìn

中国移动通信 Zhōngguó yídòngtōngxìn

中国网络通信 Zhōngguó wǎngluòtōngxìn

手机 shǒujī　　명 휴대전화, 핸드폰

电脑 diànnǎo　　명 컴퓨터

智能手表 zhìnéng shǒubiǎo

蓝牙耳机 lányá ěrjī　　명 블루투스이어폰

차이나유니콤 (CHINA Unicom)

차이나텔레콤 (CHINA Telecom)

차이나모바일 (China Mobile)

중국인터넷통신(CNC)

智能手机 zhìnéng shǒujī　　명 스마트폰

笔记本电脑 bǐjìběn diànnǎo　　명 노트북

명 스마트워치

剩余 shèngyú　　명 나머지

已用 yǐ yòng　　이미 사용한

可用 kě yòng　　사용 가능한

上网 shàngwǎng　　인터넷을 하다

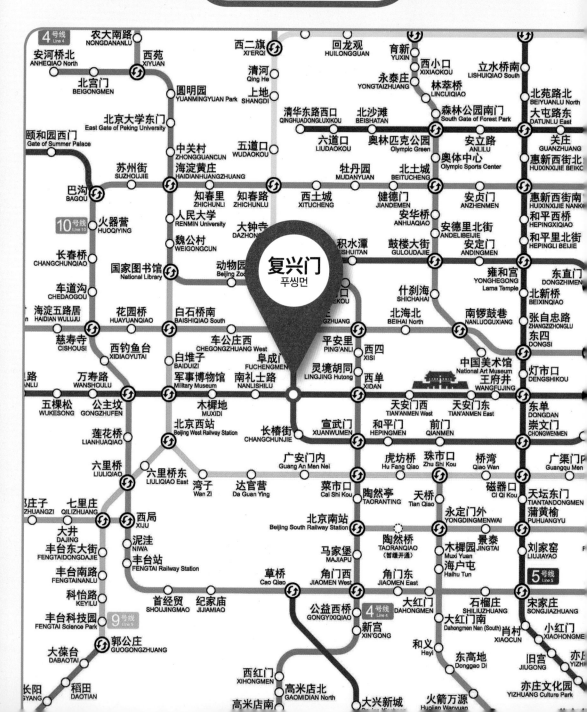

复兴门
푸씽먼

비상용 돈을 환전할 수 있는

이번 역은 푸씽먼입니다.

푸씽먼(复兴门 Fùxīngmén)역 일대에는 대규모 금융타운이 조성되어 있는데요, 베이징은행 본점부터 중국 은행감독위원회, 증권감독위원회 등 금융 관련 관청과 골드만 삭스, JP모건 등 해외 투자은행들이 자리 잡고 있는 곳입니다. 고층 빌딩들이 숲을 이룬 이곳에 가면 가장 현대적인 중국을 느끼실 수 있을 거예요!

오늘은?

은행에 가서 환전할 수 있습니다.

🎧 **C11_01**   이번 역의 포인트 단어입니다.
준비하기

换钱 huànqián 图 환전하다

排 pái 图 줄을 서다

然后 ránhòu 囻 그리고 나서

先……然后 xiān……ránhòu 먼저 ~하고 ~하다

换 huàn 图 바꾸다

把 bǎ 게 ~을, ~를

只 zhǐ 囘 단지, 오직

帮 bāng 图 도와주다

写 xiě 图 쓰다

懂 dǒng 图 이해하다

数 shǔ 图 세다, 헤아리다

✓ 본문 대화 내용 중 이 문장만은 꼭 기억해 주세요!

환전하기 1 🎧 C11_02

A : 我要换钱。
Wǒ yào huànqián.

환전하려고요.

B : 请先❶排号，然后等叫号。
Qǐng xiān pái hào, ránhòu děng jiào hào.

먼저 번호표 뽑고 호출을 기다려 주세요.

❶ 중국에는 '번호표'라는 단어가 따로 있지 않고 '번호를 받고 줄을 서다'라는 뜻을 가진 '排号 pái hào'를 사용합니다.

환전하기 2 🎧 C11_03

A : 换多少?
Huàn duōshao?

얼마 바꾸시려고요?

B : 两百❷美元。
Liǎngbǎi měiyuán.

200달러요.

❷ 한국화폐는 '韩币 Hánbì'라고 합니다.

我要换钱。

Wǒ yào huànqián.

환전하려고요.

请先排号，然后等叫号。

Qǐng xiān pái hào, ránhòu děng jiào hào.

먼저 번호표 뽑고 호출을 기다려 주세요.

你好！我想换一点儿钱。

Nǐ hǎo! Wǒ xiǎng huàn yìdiǎnr qián.

안녕하세요! 환전하려고요.

换多少?

Huàn duōshao?

얼마 바꾸시려고요?

两百美元。

Liǎngbǎi měiyuán.

200달러요.

请把身份证给我。

Qǐng bǎ shēnfènzhèng gěi wǒ.

신분증 주세요.

我只有护照，护照也可以吗?

Wǒ zhǐ yǒu hùzhào, hùzhào yě kěyǐ ma?

저 여권만 있는데, 여권도 가능한가요?

可以。请你在这儿写一下姓名、❸护照号码和❹金额。 Kěyǐ. Qǐng nǐ zài zhèr xiě yíxià xìngmíng, hùzhào hàomǎ hé jīn'é.

가능합니다. 여기에 이름과 여권번호, 금액 적어주세요.

有的我看不懂，能帮我写一下吗?

Yǒude wǒ kàn bu dǒng, néng bāng wǒ xiě yíxià ma?

제가 글을 잘 몰라서요, 좀 써 주시면 안 될까요?

行。

Xíng.

알겠습니다.

给你一千四百元，请你❺数一数。

Gěi nǐ yìqiān sìbǎi yuán, qǐng nǐ shǔ yi shǔ.

1,400위안 입니다. 세어보세요.

好的，谢谢。

Hǎo de, xièxie.

알겠습니다. 감사합니다.

01 먼저 ~하고 나서 ~하다 先......然后

'先......然后 xiān......ránhòu'는 '먼저 ~하고 나서 ~하다'라는 뜻의 짝꿍 표현으로 시간의 순서에 따른 어떤 동작이나 사건을 나타냅니다.

- 先吃饭，然后去超市吧。
  Xiān chī fàn, ránhòu qù chāoshì ba.

먼저 밥 먹고 나서 마트에 가요.

- 先看电影，然后说吧。
  Xiān kàn diànyǐng, ránhòu shuō ba.

먼저 영화 보고 나서 말해요.

- 先想一想，然后决定吧。
  Xiān xiǎng yi xiǎng, ránhòu juédìng ba.

먼저 생각하고 나서 결정해요.

- 先学习汉语，然后找工作吧。
  Xiān xuéxí Hànyǔ, ránhòu zhǎo gōngzuò ba.

먼저 중국어 공부하고 나서 일을 찾아요.

02 ~을/를 把

'把 bǎ'는 '~을/를'의 뜻을 가진 개사로 '(주어+)把+목적어+동사+기타성분' 형식으로 사용됩니다.

- 把那本书给我。
  Bǎ nà běn shū gěi wǒ.

그 책을 저에게 주세요.

- 把手机给我。
  Bǎ shǒujī gěi wǒ.

휴대전화를 저에게 주세요.

- 把鞋脱了吧。
  Bǎ xié tuō le ba.

신발을 벗으세요.

- 把句子读一下。
  Bǎ jùzi dú yíxià.

문장을 읽어보세요.

03 가능보어

가능보어는 가능 또는 불가능의 이유를 보어 형식으로 나타내는 표현으로 '동사+得 de/不 bu+ 결과보어' 형식으로 씁니다.

- 对不起，我听不懂。
  Duìbuqǐ, wǒ tīng bu dǒng.

  죄송해요. 저는 알아들을 수 없습니다.

- 汉字我看不懂。
  Hànzì wǒ kàn bu dǒng.

  저는 중국어를 봐도 모릅니다.

- 只有他一个人听得懂。
  Zhǐyǒu tā yí ge rén tīng de dǒng.

  그 혼자만 알아듣습니다.

- 你看得懂吗?
  Nǐ kàn de dǒng ma?

  보고 이해가 되시나요?

04 오직, 단지 只

'只 zhǐ'는 '오직, 단지, 겨우'의 뜻을 가진 부사입니다.

- 我只喜欢你。
  Wǒ zhǐ xǐhuan nǐ.

  저는 오직 당신만 좋아합니다.

- 只剩下我一个人了。
  Zhǐ shèngxià wǒ yí ge rén le.

  겨우 저 혼자만 남았습니다.

- 我只相信你。
  Wǒ zhǐ xiāngxìn nǐ.

  저는 당신만 믿습니다.

- 我只有一本书。
  Wǒ zhǐ yǒu yì běn shū.

  저는 책 한 권만 있습니다.

05 돕다 帮

'帮 bāng'은 '돕다, 거들어 주다'의 뜻을 가진 동사로 누군가에게 도움을 주거나 요청할 때 사용할 수 있습니다.

· 能帮我看一下吗?
Néng bāng wǒ kàn yíxià ma?

저 대신 좀 봐주시겠어요?

· 我帮你拿东西。
Wǒ bāng nǐ ná dōngxi.

제가 당신 대신 가져오겠습니다.

· 请帮我说一下。
Qǐng bāng wǒ shuō yíxià.

저 대신 말 좀 해주세요.

➕ 이합동사란 '동사+명사'형태로 이루어진 동사로 이미 동사 안에 명사가 존재하기 때문에 다른 명사 형태의 목적어를 취할 수 없는 동사입니다. 여기에서 '拍照 pāizhào'는 '사진을 찍다'라는 뜻을 가진 이합동사로 중간에 양사 '张 zhāng'을 넣어 표현할 수 있습니다.

· 请帮我拍张照吧。
Qǐng bāng wǒ pāi zhāng zhào ba.

저 좀 찍어주세요.

06 ~해도 되나요? 能……吗?

'能……吗? néng……ma?'는 '~할 수 있나요?', '~가능합니까?'라는 뜻으로 어떤 일을 할 수 있는 능력이나 조건이 되는지 물어볼 때 쓸 수 있는 표현입니다.

- 能说汉语吗?
  Néng shuō Hànyǔ ma?

  중국어를 할 수 있나요?

- 能看电视吗?
  Néng kàn diànshì ma?

  TV를 볼 수 있나요?

- 能吃饭吗?
  Néng chī fàn ma?

  밥을 먹을 수 있나요?

- 能帮助我吗?
  Néng bāngzhù wǒ ma?

  저를 도와줄 수 있나요?

재미있는 여행을 위한 짧은 Tip

중국 사람들은 신용카드나 체크카드 등을 잘 쓰지 않습니다. 대신 현금과 위쳇페이 등을 주로 사용하는데요, 특히 요즘은 길거리 노점상에도 위쳇페이나 알리페이 등 코드 스캔 결제를 하도록 되어 있어서, 중국 여행에 있어서 코드 스캔 결제는 필수가 되었습니다. 여행 전 해당 앱들을 설치하는 거 잊지 마세요!

01 음성을 반복적으로 들으며 성조를 표시하고 한국어 뜻도 함께 써 보세요.

🎧 C11_05

예시
∨ ─
老师
선생님

□□	□□	□□
① 换钱	② 然后	③ 两百

□□□	□□	□□□□
④ 身份证	⑤ 金额	⑥ 护照号码

02 다음 문장에 대한 병음과 한국어 뜻을 함께 써 보세요.

① 请先排号，然后等叫号。

(병음)

(한국어)

② 我想换一点儿钱。

(병음)

(한국어)

③ 有的我看不懂，能帮我写一下吗？

(병음)

(한국어)

03 다음 보기의 단어를 넣어 문장을 완성해 보세요.

보기 帮　能　听得懂　只　把　然后

① 先吃饭, (　　)去超市吧。
② 我(　　)有一本书。
③ 只有他一个人(　　)。
④ 我(　　)你拿东西。
⑤ (　　)帮助我吗?
⑥ (　　)那本书给我。

04 다음 단어를 조합하여 문장을 완성해 보세요.

① 吧 / 先 / 电影 / 看 / 说 / 然后

_____

② 手机 / 我 / 把 / 给

_____

③ 我 / 懂 / 汉字 / 看 / 不

_____

정답

01 ① huànqián 동 환전하다   ② ránhòu 접 그러고 나서

   ③ liǎngbǎi 200   ④ shēnfènzhèng 명 신분증

   ⑤ jīn'é 명 금액   ⑥ hùzhào hàomǎ 명 여권번호

02 ① Qǐng xiān pái hào, ránhòu děng jiào hào. 먼저 번호표 뽑고 호출을 기다려 주세요.

   ② Wǒ xiǎng huàn yìdiǎnr qián. 환전하려고요.

   ③ Yǒude wǒ kàn bu dǒng, néng bāng wǒ xiě yíxià ma? 제가 글을 잘 몰라서요, 좀 써 주시면 안 될까요?

03 ① 然后   ② 只   ③ 听得懂   ④ 帮   ⑤ 能   ⑥ 把

04 ① 先看电影，然后说吧。   ② 把手机给我。

   ③ 汉字我看不懂。

설명(공부하기)

❸ '身份证号码 shēnfènzhènghàomǎ'라고 할 수도 있습니다.

❹ 이때 금액은 숫자가 아닌 한자로 적습니다.

❺ 단음절 동사 중첩을 할 때 'AA' 또는 'A 一 yī A' 형식으로 할 수 있습니다.

两 liǎng	수 2, 둘	美元 měiyuán	명 달러
姓名 xìngmíng	명 이름, 성함	护照号码 hùzhào hàomǎ	명 여권번호
有的 yǒude	명 어떤 것		

身份证 shēnfènzhèng	명 신분증
金额 jīn'é	명 금액

决定 juédìng	동 결정하다	工作 gōngzuò	명 일, 직업	鞋 xié	명 신발
脱 tuō	동 벗다	句子 jùzi	명 문장	读 dú	동 읽다
剩下 shèngxià	동 남다, 남기다	汉字 Hànzì	명 한자	得 de	조 동사와 보어 사이에 쓰여 가능을 나타냄
帮助 bāngzhù	동 돕다	拿 ná	동 (손으로) 잡다, 쥐다	只有 zhǐyǒu	부 오직, 오로지

中国银行 Zhōngguó Yínháng			중국은행	银行卡 yínhángkǎ	은행카드(체크카드)
中国工商银行 Zhōngguó Gōngshāng Yínháng			중국공상은행	取款 qǔkuǎn	명 예금 인출
中国建设银行 Zhōngguó Jiànshè Yínháng			중국건설은행	存款 cúnkuǎn	명동 예금(하다)
中国农业银行 Zhōngguó Nóngyè Yínháng			중국농업은행	汇款 huìkuǎn	동 송금하다
交通银行 Jiāotōng Yínháng			교통은행	到账 dào zhàng	입금되다
自动取款机 zìdòngqǔkuǎnjī	명 현금자동인출기	账号 zhànghào	명 계좌번호	汇率 huìlǜ	명 환율
输入 shūrù	명동 입력(하다)	密码 mìmǎ	명 비밀번호	转账 zhuǎnzhàng	계좌이체
取卡 qǔ kǎ	카드를 찾다(뽑다)	微信支付 wēixìn zhīfù	위챗 결제	扫码付款 sǎo mǎ fùkuǎn	코드 스캔 결제

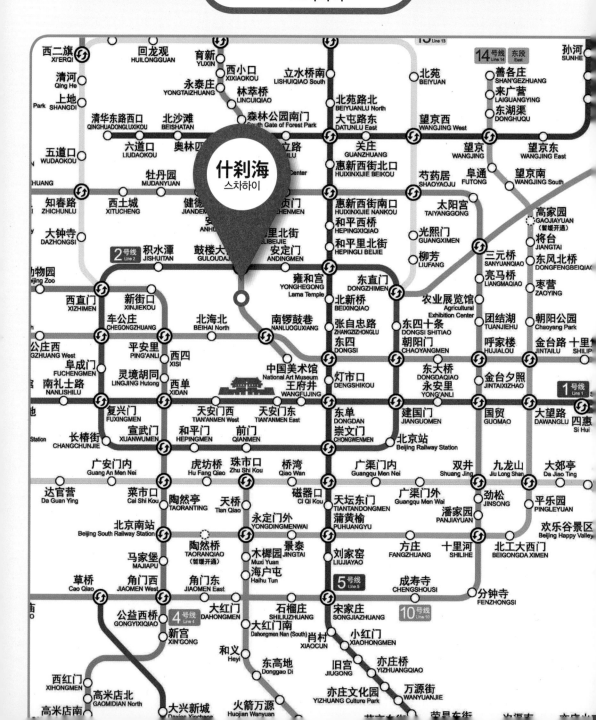

什刹海
Shíchàhǎi
스차하이

复兴门 → 12 → 动物园

인생샷을 찍을 수 있는

이번 역은 스차하이입니다.

스차하이(什刹海 Shíchàhǎi)는 시하이(西海 Xīhǎi), 허우하이(后海 Hòuhǎi), 첸하이(前海 Qiánhǎi) 3개 호수와 그 연안을 통틀어 가리키는 지명인데요, 10개의 사찰이 있는 호수라고 해서 스차하이라는 이름이 붙여졌다고 합니다. 예전부터 이 지역은 후통(胡同 hútòng) 즉, 뒷골목으로 유명한 곳인데요, 베이징의 옛 특색과 전통적인 면모 거기에 화려한 호수까지 겸비하고 있어 예쁜 사진을 찍고 싶은 분들에게 정말 강추하는 곳입니다.

오늘은?

도움이 필요한 상황에서 부탁할 수 있습니다.

🎧 C12_01   이번 역의 포인트 단어입니다.
준비하기

照(相) zhào(xiàng) 동 사진을 찍다
拜托 bàituō 동 부탁하다
不错 búcuò 형 맞다. 멋지다. 훌륭하다
而且 érqiě 접 게다가
感觉 gǎnjué 동 느끼다
舒服 shūfu 형 편안하다
算了 suàn le 됐다
准备 zhǔnbèi 동 준비하다

得 de 조 동사나 형용사의 뒤에 쓰여, 결과나 정도를 나타내는 보어를 연결시킴
充分 chōngfèn 형 충분하다
旅行 lǚxíng 명 동 여행(하다)

✓ 본문 대화 내용 중 이 문장만은 꼭 기억해 주세요!

사진 찍기 1 🎧 C12_02

A : **你帮我照❶张相吧！**
Nǐ bāng wǒ zhào zhāng xiàng ba!

나 사진 좀 찍어줘!

B : **好的。**
Hǎo de.

그래.

❶ '照相 zhàoxiàng'은 '동사+명사' 형식으로 구성된 이합
동사로 양사 '张 zhāng'은 목적어인 '相 xiàng'앞에 위
치합니다.

사진 찍기 2 🎧 C12_03

A : **我拜托别人帮我们拍(照)。**
Wǒ bàituō biérén bāng wǒmen pāi (zhào).

내가 다른 사람한테 우리 사진 좀 찍어달라고 부탁할게.

B : **不用了，我带❷自拍杆了。**
Bú yòng le, wǒ dài zìpāigǎn le.

괜찮아, 나 셀카봉 가져왔어.

❷ '셀카'는 중국어로 '自拍 zìpāi'라고 합니다.

秀英 安迪

这里的风景❸不错！
Zhèlǐ de fēngjǐng búcuò!
여기 경치 정말 멋지다!

是的，而且感觉很舒服。
Shì de, érqiě gǎnjué hěn shūfu.
응, 그리고 좀 편안한 느낌이야.

你帮我照张相吧！
Nǐ bāng wǒ zhào zhāng xiàng ba!
나 사진 좀 찍어줘!

好的，❹来，给我手机。
Hǎo de, lái, gěi wǒ shǒujī.
그래, 핸드폰 줘봐.

算了，还是咱们一起照吧。
Suàn le, háishi zánmen yìqǐ zhào ba.
아니다, 그냥 우리 같이 찍자.

那我拜托别人帮我们拍照。
Nà wǒ bàituō biérén bāng wǒmen pāizhào.
그럼 내가 다른 사람한테 우리 사진 좀 찍어달라고 부탁할게.

不用了，我带自拍杆了。
Bú yòng le, wǒ dài zìpāigǎn le.
괜찮아. 나 셀카봉 가져왔어.

没想到，❺你这个人准备得这么充分啊！
Méi xiǎngdào, nǐ zhège rén zhǔnbèi de zhème chōngfèn a!
네가 이렇게 준비가 철저한 사람이었다니, 생각도 못 했네!

自拍杆可是旅行的必备之物！
Zìpāigǎn kě shì lǚxíng de bì bèi zhī wù!
여행에서 셀카봉은 필수야!

好，好。别多说了，我❻有点儿饿，我们快点儿照相吧。
Hǎo, hǎo. Bié duō shuō le, wǒ yǒudiǎnr è, wǒmen kuài diǎnr zhàoxiàng ba.
알겠어, 알겠어. 말 그만하고 나 배고프니까 빨리 찍자.

🎧C12_04

단어 설명 165p

01 게다가 而且

'而且 érqiě'는 접속사로 '게다가, ～뿐만 아니라'라는 뜻을 가지고 있습니다.

- 天气很好，而且风景也不错。
  Tiānqì hěn hǎo, érqiě fēngjǐng yě búcuò.

  날씨도 좋고 경치도 멋집니다.

- 这双鞋很好看，而且很舒服。
  Zhè shuāng xié hěn hǎokàn, érqiě hěn shūfu.

  이 신발은 예쁘고 편합니다.

- 他很帅，而且性格也很好。
  Tā hěn shuài, érqiě xìnggé yě hěn hǎo.

  그는 잘생겼고 성격도 좋습니다.

- 她很聪明，而且说话也很温柔。
  Tā hěn cōngming, érqiě shuōhuà yě hěn wēnróu.

  그녀는 똑똑하고 상냥하게 말합니다.

02 그냥 ~하자 还是……吧

'还是 háishi'는 부사로 '～하는 편이 더 좋다'라는 뜻을 가지고 있으며 여기에 청유의 의미를 가지고 있는 어기조사 '吧 ba'와 함께 쓰여 '그냥 ～하자'라는 표현을 나타내게 됩니다.

- 我们还是坐火车吧。
  Wǒmen háishi zuò huǒchē ba.

  우리 그냥 기차타요.

- 我们还是吃炒饭吧。
  Wǒmen háishi chī chǎofàn ba.

  우리 그냥 볶음밥 먹어요.

- 你还是喝茶吧。
  Nǐ háishi hē chá ba.

  그냥 차 드세요.

- 我还是买便宜的吧。
  Wǒ háishi mǎi piányi de ba.

  저 그냥 싼 거 살게요.

03　결과보어 到

결과보어란 술어 뒤에서 동작의 결과를 보충해 주는 것으로 만약 '도달하다, 도착하다'의 뜻을 가진 동사 '到 dào'가 결과보어로 쓰이면 동작이 목적에 도달했거나 또는 그 목적이 성취되었음을 나타냅니다.

- 你的信我已经收到了。
  Nǐ de xìn wǒ yǐjīng shōudào le.

  당신의 편지를 이미 받았습니다.

- 眼镜找到了。
  Yǎnjìng zhǎodào le

  안경을 찾았습니다.

- 我没买到演唱会的票。
  Wǒ méi mǎidào yǎnchànghuì de piào.

  저는 콘서트 티켓을 사지 못했습니다.

- 没想到，他是我的老师。
  Méi xiǎngdào, tā shì wǒ de lǎoshī.

  그가 저의 선생님일 줄은 생각도 못 했습니다.

04　정도보어

정도보어란 동사나 형용사 뒤에 쓰여 그 동작의 상태에 대한 구체적인 내용을 보충 설명해주는 것으로 주로 '동사/형용사+得+정도보어' 형태로 쓰입니다.

- 他说得很快。
  Tā shuō de hěn kuài.

  그는 말이 빠릅니다.

- 我唱得不好。
  Wǒ chàng de bù hǎo.

  저는 노래를 못 합니다.

- 我喝得不多。
  Wǒ hē de bù duō.

  저는 많이 마시지 못 합니다.

- 她买得很少。
  Tā mǎi de hěn shǎo.

  그녀는 아주 조금 삽니다.

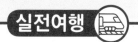

05 강조 可

부사 '可 kě'가 동사나 형용사 앞에서 단독으로 쓰일 때 강조를 나타내기도 합니다.

- 她可是个学生。
  Tā kě shì ge xuésheng.

  그녀는 그냥 학생입니다.

- 今天可是他的生日。
  Jīntiān kě shì tā de shēngrì.

  오늘이 그의 생일이라고요.

- 这可是姐姐的。
  Zhè kě shì jiějie de.

  이건 정말 언니(누나) 것입니다.

- 他可是大企业公司职员。
  Tā kě shì dàqǐyè gōngsī zhíyuán.

  그는 그냥 대기업 회사원입니다.

06 조금, 약간 有点儿

'有点儿 yǒudiǎnr'은 형용사 앞에 쓰여 '조금, 약간'의 뜻을 나타내며 주로 불만 또는 부정적인 상황에 쓰입니다.

- 我有点儿累了。
  Wǒ yǒudiǎnr lèi le.

  저는 좀 힘들어요.

- 我有点儿饿了。
  Wǒ yǒudiǎnr è le.

  저는 약간 배고파요.

- 我有点儿不舒服。
  Wǒ yǒudiǎnr bù shūfu.

  저는 좀 불편해요.

- 我有点儿发烧。
  Wǒ yǒudiǎnr fāshāo.

  저는 약간 열이 나요.

** 베이징의 숨어 있는 포토 스폿

예전에는 베이징(北京)의 포토 스폿이라고 하면 텐탄공위안(天坛公园), 이허위안(颐和园), 베이하이공위안(北海公园) 등 주로 공원 위주였는데요, 지금 베이징에는 새로운 랜드마크들이 생겨나면서 예전보다는 다양한 포토 스폿들이 생겨나고 있습니다. 그중 베이징 외곽에 위치한 '구베이쉐이전(古北水镇)'이라는 곳이 있는데요, 북방 민속을 그대로 재현해 놓은 물의 마을로 물과 나무, 옛 건물들이 역사 속에 들어와 있는 듯한 착각에 들게 할 정도입니다. 밤에는 마을 곳곳에 있는 불빛들과 강가에 비친 불빛, 그리고 멀리 만리장성을 비추는 불빛까지 아름답게 어우러져 로맨틱한 분위기를 연출합니다. 베이징 시 중심가에서는 조금 떨어져 있지만, 사진 찍기에는 정말 딱 좋은 장소입니다.

재미있는 여행을 위한 짧은 Tip

개인 SNS 활동이 늘어나면서 사진 찍기 예쁜 곳을 직접 찾아가 사진을 찍어 자신의 SNS에 인증샷을 올리는 것이 이제 하나의 놀이가 되었는데요, 특히 '网红打卡景点 wǎnghóng dǎkǎ jǐngdiǎn', '왕홍이 다녀간 명소'를 찾아가 사진을 찍는 것이 한동안 유행을 했을 정도로 사람들에게 많은 관심을 받았었습니다. 여러분도 한번 도전해 보세요!

01 음성을 반복적으로 들으며 성조를 표시하고 한국어 뜻도 함께 써 보세요.

🎧 C12_05

예시
ˇ ̄
老师
선생님

☐☐
① 照相
_____

☐☐
② 拜托
_____

☐☐☐
③ 自拍杆
_____

☐☐
④ 不错
_____

☐☐
⑤ 手机
_____

☐☐
⑥ 准备
_____

02 다음 문장에 대한 병음과 한국어 뜻을 함께 써 보세요.

① 这里的风景不错！

(병음)

(한국어)

② 那我拜托别人帮我们拍照。

(병음)

(한국어)

③ 没想到，你这个人准备得这么充分阿！

(병음)

(한국어)

03 다음 보기의 단어를 넣어 문장을 완성해 보세요.

> 보기 有点儿 可 得 到 还是 而且

1 我们(　　)坐火车吧。
2 他说(　　)很快。
3 我(　　)累了。
4 你的信我已经收(　　)了。
5 这双鞋很好看，(　　)很舒服。
6 她(　　)是个学生。

04 다음 단어를 조합하여 문장을 완성해 보세요.

1 吃 / 还是 / 我们 / 炒饭 / 吧

＿＿＿＿＿＿＿＿＿＿＿＿＿＿

2 了 / 眼镜 / 找 / 到

＿＿＿＿＿＿＿＿＿＿＿＿＿＿

3 可 / 的 / 这 / 是 / 姐姐

＿＿＿＿＿＿＿＿＿＿＿＿＿＿

🚄 정답

01
1️⃣ zhàoxiàng 동 사진을 찍다　　2️⃣ bàituō 동 부탁하다　　3️⃣ zìpāigǎn 명 셀카봉

4️⃣ búcuò 형 맞다, 멋지다, 훌륭하다　　5️⃣ shǒujī 명 휴대전화　　6️⃣ zhǔnbèi 동 준비하다

02
1️⃣ Zhèlǐ de fēngjǐng búcuò! 여기 경치 정말 멋지다!

2️⃣ Nà wǒ bàituō biérén bāng wǒmen pāizhào.
그럼 내가 다른 사람한테 우리 사진 좀 찍어달라고 부탁할게.

3️⃣ Méi xiǎngdào, nǐ zhège rén zhǔnbèi de zhème chōngfèn a!
네가 이렇게 준비가 철저한 사람이었다니, 생각도 못 했네!

03
1️⃣ 还是　　2️⃣ 得　　3️⃣ 有点儿　　4️⃣ 到　　5️⃣ 而且　　6️⃣ 可

04
1️⃣ 我们还是吃炒饭吧。　　　2️⃣ 眼镜找到了。

3️⃣ 这可是姐姐的。

🚄 설명(공부하기)

❸ '错 cuò'에는 '틀리다'라는 뜻이 있는데요, 여기에 부정부사 '不 bù'가 붙었을 때는 '틀리지 않다'
가 아니라 전혀 다른 뜻인 '멋지다, 훌륭하다' 등을 나타냅니다.

❹ 여기에서 '来 lái'는 상대방의 행동을 재촉하는 의미를 가지고 있어서 특별히 해석되지는 않습니다.

❺ 상대방을 콕 집어서 확실하게 표현할 때 '你这个人 nǐ zhège rén'이라고 말합니다.

❻ 有点儿 vs. 一点儿

有点儿: 동사나 형용사 앞에서 '좀, 약간'의 뜻을 나타내며 불만족스러움이 포함되어 있습니다.

一点儿: 동사나 형용사 뒤에 쓰여 '좀, 약간'의 뜻을 나타냅니다.

别人 biérén	명 다른 사람	自拍杆 zìpāigǎn	명 셀카봉	这里 zhèlǐ	대 여기, 이곳(=这儿)
风景 fēngjǐng	명 풍경	这么 zhème	대 이렇게	必备之物 bìbèizhīwù	필수품

双 shuāng	양 쌍, 켤레	帅 shuài	형 잘생기다	性格 xìnggé	명 성격
说话 shuōhuà	동 말하다	温柔 wēnróu	형 상냥하다, 온화하다	火车 huǒchē	명 기차
炒饭 chǎofàn	명 볶음밥	信 xìn	명 편지	眼镜 yǎnjìng	명 안경
演唱会 yǎnchànghuì	명 콘서트	唱 chàng	동 노래를 부르다	少 shǎo	형 적다
学生 xuésheng	명 학생	姐姐 jiějie	명 언니, 누나	公司职员 gōngsīzhíyuán	명 회사원
发烧 fāshāo	동 열이 나다	大企业 dàqǐyè	명 대기업		

실전여행

景色 jǐngsè	명 풍경, 경치	漂亮 piàoliang	형 예쁘다	美丽 měilì	형 아름답다
夜景 yèjǐng	명 야경	绚丽 xuànlì	형 눈부시게 아름답다	照片 zhàopiàn	명 사진
视频 shìpín	명 동영상	摄影 shèyǐng	명동 촬영(하다)	相机 xiàngjī	명 카메라
自拍 zìpāi	셀카	拍照软件 pāizhào ruǎnjiàn	카메라 앱	美颜相机 měiyán xiàngjī	뷰티캠(사진촬영 APP)
美图秀秀 měitúxiùxiù	메이투(사진촬영 APP)	效果 xiàoguǒ	명 효과	特效 tèxiào	명 특수 효과
滤镜 lù jìng	명 필터	美化 měihuà	포샵하다	图片处理 túpiàn chǔlǐ	포샵하다
修图 xiū tú	사진보정	认证照 rènzhèng zhào	인증샷		

추가표현

动物园

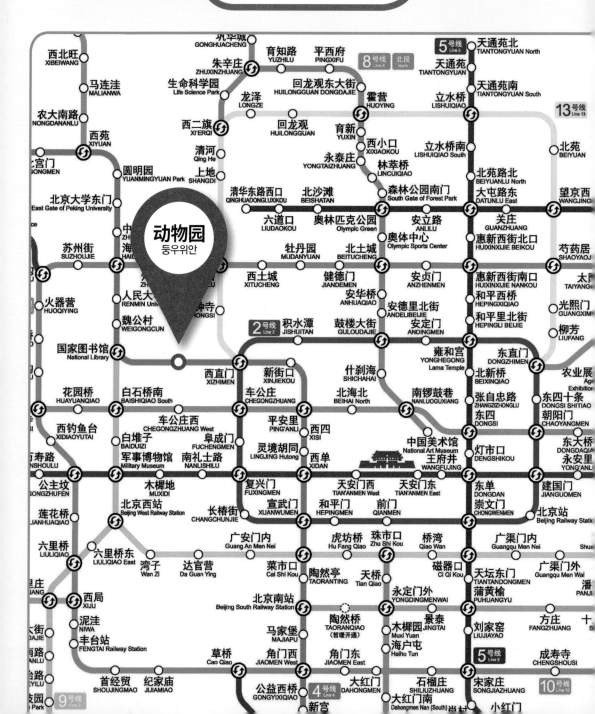

귀여운 판다를 볼 수 있는

이번 역은 둥우위안입니다.

베이징둥우위안(北京动物园 Běijīng Dòngwù Yuán)은 1906년에 설립된 동물원으로 중국에서 가장 오래된 동물원 중 한 곳인데요, 이곳에 가면 중국을 대표하는 동물인 판다를 비롯해 금빛원숭이, 남중국호랑이 등 중국산 동물들과 재규어, 물소, 캥거루 등 다양한 종류의 동물들을 볼 수 있습니다. 물론 그중에서 대나무를 잡고 앉아 사람들을 구경하고 있는 판다의 모습이 가장 인상 깊은 곳입니다.

오늘은?

좋아하는 것을 묻고 답할 수 있습니다.

🎧 C13_01 이번 역의 포인트 단어입니다.

준비하기

喜欢 xǐhuan 동 좋아하다

觉得 juéde 동 ~라고 느끼다, 생각하다

特别 tèbié 부 특히

可爱 kě'ài 형 귀엽다

除了 chú le 접 ~을 제외하고

以外 yǐwài 명 이외

除了……以外, 还/也
　　chú le……yǐwài, hái/yě ~외에, ~도

真 zhēn 부 정말, 참으로

真的 zhēn de 진짜, 참으로, 정말

为什么 wèishénme 대 왜, 어째서

단어 설명 177p

✓ 본문 대화 내용 중 이 문장만은 꼭 기억해 주세요!

취향 묻기 1 🎧 C13_02

A : 你喜欢什么动物?
Nǐ xǐhuan shénme dòngwù?

어떤 동물을 좋아해?

B : 我喜欢❶小狗。
Wǒ xǐhuan xiǎo gǒu.

나는 강아지를 좋아해.

❶ 중국에서는 작거나 귀여운 동물들을 표현할 때 동물 앞에 '小 xiǎo'를 붙여 말합니다.

취향 묻기 2 🎧 C13_03

A : 为什么喜欢熊猫呢?
Wèishénme xǐhuan xióngmāo ne?

판다가 왜 좋아?

B : 我❷觉得熊猫特别可爱。
Wǒ juéde xióngmāo tèbié kě'ài.

너무 귀여워서.

❷ 자신의 생각이나 의견을 말할 때는 '생각하다'의 뜻을 가진 '想 xiǎng'이 아닌 '~라고 느끼다, 생각하다'의 뜻을 가진 '觉得 juéde'를 씁니다.

安迪 秀英

你喜欢什么动物?
Nǐ xǐhuan shénme dòngwù?
어떤 동물을 좋아해?

我喜欢小狗。
Wǒ xǐhuan xiǎo gǒu.
나는 강아지를 좋아해.

为什么喜欢小狗呢?
Wèishénme xǐhuan xiǎo gǒu ne?
강아지가 왜 좋아?

我觉得小狗特别可爱。
Wǒ juéde xiǎo gǒu tèbié kě'ài.
너무 귀여워서.

那除了小狗以外，还喜欢什么动物?
Nà chú le xiǎo gǒu yǐwài, hái xǐhuan shénme dòngwù?
그럼 강아지 말고 또 좋아하는 동물 있어?

除了小狗以外呢……我还喜欢熊猫。
Chú le xiǎo gǒu yǐwài ne……wǒ hái xǐhuan xióngmāo.
강아지 말고……판다를 좋아해.

❸是吗? 我也是。
Shì ma? Wǒ yě shì.
그래? 나도 그래.

熊猫真的很可爱，特别是吃竹子的时候。
Xióngmāo zhēn de hěn kě'ài, tèbié shì chī zhúzi de shíhou.
판다 진짜 귀여운 거 같아, 특히 대나무 먹을 때.

对啊，看❹它吃竹子的样子我也想吃。
Duì a, kàn tā chī zhúzi de yàngzi wǒ yě xiǎng chī.
맞아, 대나무 먹고 있는 거 보면 나도 먹고 싶어져.

咱们快点儿去看看吧，特别想看看它。
Zánmen kuài diǎnr qù kànkan ba, tèbié xiǎng kànkan tā.
우리 빨리 가서 보자, 엄청 보고 싶다.

走吧，走吧。
Zǒu ba, zǒu ba.
가자, 가자.

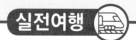

단어 설명 177p

01 좋아하다 喜欢

'喜欢 xǐhuan'은 '좋아하다'라는 뜻을 가진 동사로 뒤에는 좋아하는 대상 또는 '동사+명사' 구조가 올 수 있습니다. 그리고 '喜欢 xǐhuan'은 심리활동동사로 '很 hěn'의 수식을 받을 수 없습니다.

· 他喜欢你。
  Tā xǐhuan nǐ.

그는 당신을 좋아합니다.

· 她喜欢猫。
  Tā xǐhuan māo.

그녀는 고양이를 좋아합니다.

· 我喜欢吃麻辣烫。
  Wǒ xǐhuan chī málàtàng.

저는 마라탕 먹는 걸 좋아합니다.

· 弟弟喜欢看足球。
  Dìdi xǐhuan kàn zúqiú.

남동생은 축구 보는 걸 좋아합니다.

02 정도부사

정도부사는 술어를 강조해 주는 표현으로 '아주, 정말, 매우' 등의 의미를 나타냅니다. 중국어에는 다양한 정도부사가 있으며 상황에 맞는 적절한 정도부사의 활용이 필요합니다.

· 我非常高兴。
  Wǒ fēicháng gāoxìng.

저는 정말 기쁩니다.

· 她挺喜欢看电影的。
  Tā tǐng xǐhuan kàn diànyǐng de.

그녀는 영화 보는 걸 정말 좋아합니다.

· 他特别喜欢打网球。
  Tā tèbié xǐhuan dǎ wǎngqiú.

그는 테니스 치는 걸 정말 좋아합니다.

· 这个饺子真好吃。
  Zhège jiǎozi zhēn hǎochī.

이 자오쯔는 정말 맛있습니다.

03 의문대명사 为什么

'为什么 wèishénme'는 '왜, 어째서'의 의미를 나타내는 의문대명사로 원인, 이유, 목적을 물을 때 사용합니다.

- 她为什么不来呢?
  Tā wèishénme bù lái ne?

  그녀는 왜 오지 않나요?

- 他为什么走了?
  Tā wèishénme zǒu le?

  그는 왜 갔나요?

- 你为什么哭呢?
  Nǐ wèishénme kū ne?

  당신은 왜 우나요?

- 你为什么不生气啊?
  Nǐ wèishénme bù shēngqì a?

  당신은 왜 화를 내지 않나요?

04 ~외에 ~도 除了……以外, 还/也

'除了……以外, 还/也 chú le……yǐwài, hái/yě'는 '〜외에, 〜도'라는 의미를 가진 짝꿍 표현입니다. 만약 뒤에 '还/也 hái/yě'가 아닌 '都 dōu'가 온다면 '〜를 제외하고 모두 〜하다'라는 의미를 나타냅니다.

- 除了哥哥以外，姐姐也来了。
  Chú le gēge yǐwài, jiějie yě lái le.

  형(오빠) 외에 누나(언니)도 왔습니다.

- 除了电影以外，还喜欢看小说。
  Chú le diànyǐng yǐwài, hái xǐhuan kàn xiǎoshuō.

  영화 외에 소설 보는 것도 좋아합니다.

- 除了美国以外，还去过英国。
  Chú le Měiguó yǐwài, hái qùguo Yīngguó.

  미국 외에 영국도 가 봤습니다.

- 除了汉语以外，还学习英语。
  Chú le Hànyǔ yǐwài, hái xuéxí Yīngyǔ.

  중국어 외에 영어도 배웁니다.

- 除了他以外，都来了。
  Chú le tā yǐwài, dōu lái le.

  그를 제외하고 모두 왔습니다.

05 ~라고 생각하다 觉得

'~라고 느끼다, 생각하다'의 뜻을 가진 동사 '觉得 juéde'는 주로 화자의 주관적인 느낌에 대한 생각 등을 나타냅니다.

- 我觉得这件衣服很舒服。
  Wǒ juéde zhè jiàn yīfu hěn shūfu.

  저는 이 옷이 참 편하다고 생각합니다.

- 他觉得没有意思。
  Tā juéde méi yǒu yìsi.

  그는 재미없다고 느꼈습니다.

- 爸爸觉得这次比赛很精彩。
  Bàba juéde zhè cì bǐsài hěn jīngcǎi.

  아빠는 이번 경기가 매우 훌륭했다고 생각하십니다.

- 我觉得她很漂亮。
  Wǒ juéde tā hěn piàoliang.

  저는 그녀가 참 예쁘다고 생각합니다.

06 ~일 때 ......的时候

'的时候 de shíhou'는 '~할 때, ~일 때'를 나타내는 표현으로 단독으로는 쓸 수 없고 반드시 앞에 어느 때라는 시간을 한정하는 상황이 있어야 합니다.

- 我们吃饭的时候，他来了。
  Wǒmen chī fàn de shíhou, tā lái le.

  우리가 밥 먹을 때 그가 왔습니다.

- 看电影的时候，突然停电了。
  Kàn diànyǐng de shíhou, tūrán tíngdiàn le.

  영화 볼 때 갑자기 정전이 됐습니다.

- 出门的时候，突然下雨了。
  Chūmén de shíhou, tūrán xià yǔ le.

  밖으로 나가자 갑자기 비가 내렸습니다.

- 她来的时候，大家都走了。
  Tā lái de shíhou, dàjiā dōu zǒu le.

  그녀가 왔을 때는 모두 떠났습니다.

** 최고의 외교관 판다

육식을 즐기는 곰과에 속하는 판다는 다른 곰과는 다르게 초식 동물입니다. 그래서 비슷한 덩치의 다른 동물들보다 몇 배로 먹어야 한다고 하네요. 그래서일까요 대나무를 씹고 있는 판다의 모습을 자주 볼 수 있는데요, 이런 귀엽기만 한 판다가 사실 어마어마한 일을 맡고 있습니다. 바로 국가와 국가 사이의 다리 역할을 하고 있는데요, 세계적인 희귀동물인 판다를 보낸다는 건 일종의 우방의 증표라고 볼 수 있습니다. 귀여운 외모에 외교 역할까지 하고 있는 판다는 현재 멸종 위기종 중 하나라고 합니다. 그래서 중국 당국이 멸종을 막기 위해 보호 센터를 건설하고 인공 번식 등의 조치를 취했다고 하네요. 귀여운 판다가 오랫동안 사람들의 사랑을 받으며 함께 살아갈 수 있었으면 좋겠습니다!

재미있는 여행을 위한 짧은 Tip ────────────────

베이징 동물원에는 '门票 ménpiào'와 '联票 liánpiào' 두 가지 입장권이 있습니다. '门票 ménpiào'는 일반 동물원 입장권이고요, '联票 liánpiào'는 판다관(大熊猫馆 dàxióngmāoguǎn)이 포함된 입장권이니까요, 판다를 보고 싶으시다면 꼭 '联票 liánpiào'로 구매하셔야 합니다!

01 음성을 반복적으로 들으며 성조를 표시하고 한국어 뜻도 함께 써 보세요.

🎧 C13_05

예시

∨ ─
老师
선생님

☐☐
① 喜欢
_____

☐☐
② 熊猫
_____

☐☐
③ 可爱
_____

☐☐
④ 特别
_____

☐☐
⑤ 真的
_____

☐☐
⑥ 觉得
_____

02 다음 문장에 대한 병음과 한국어 뜻을 함께 써 보세요.

① 我喜欢小狗。
(병음)
(한국어)

② 那除了小狗以外，还喜欢什么动物？
(병음)
(한국어)

③ 看它吃竹子的样子我也想吃。
(병음)
(한국어)

03 다음 보기의 단어를 넣어 문장을 완성해 보세요.

> 보기 的时候 除了 觉得 挺 为什么 喜欢

① 她(　　)喜欢看电影的。

② 我(　　)这件衣服很舒服。

③ 我(　　)吃麻辣烫。

④ (　　)电影以外，还喜欢看小说。

⑤ 出门(　　)，突然下雨了。

⑥ 她(　　)不来呢？

04 다음 단어를 조합하여 문장을 완성해 보세요.

① 为什么 / 啊 / 你 / 不 / 生气

_____

② 打 / 特别 / 他 / 网球 / 喜欢

_____

③ 她 / 我 / 漂亮 / 觉得 / 很

_____

01 ① xǐhuan 圐 좋아하다　　　② xióngmāo 閱 판다
　　　③ kě'ài 圀 귀엽다　　　　　④ tèbié 閱 특히
　　　⑤ zhēn de 진짜, 참으로, 정말　⑥ juéde 圐 ~라고 느끼다, 생각하다

02 ① Wǒ xǐhuan xiǎo gǒu. 나는 강아지를 좋아해.
　　　② Nà chú le xiǎo gǒu yǐwài, hái xǐhuan shénme dòngwù?
　　　　그럼 강아지 말고 또 좋아하는 동물 있어?
　　　③ Kàn tā chī zhúzi de yàngzi wǒ yě xiǎng chī.
　　　　대나무 먹고 있는 거 보면 나도 먹고 싶어져.

03 ① 挺　　② 觉得　　③ 喜欢　　④ 除了　　⑤ 的时候　　⑥ 为什么

04 ① 你为什么不生气啊?　　② 他特别喜欢打网球。　　③ 我觉得她很漂亮。

설명(공부하기)

❸ 상대방의 말을 확인하며 반문하는 표현으로 한국어로는 '그래? 정말?' 정도로 해석될 수 있습니다.

❹ '它 tā'는 동물이나 물건들을 대신할 때 사용하는 대명사입니다.

动物 dòngwù	명 동물	狗 gǒu	명 개	小狗 xiǎo gǒu	명 강아지
熊猫 xióngmāo	명 판다	竹子 zhúzi	명 대나무	时候 shíhou	명 때, 시간
它 tā	대 그, 그것	样子 yàngzi	명 모양, 상태		

猫 māo	명 고양이	弟弟 dìdi	명 남동생	哭 kū	동 울다
生气 shēngqì	동 화나다, 화내다	非常 fēicháng	부 매우, 아주	挺 tǐng	부 매우, 아주
打 dǎ	동 (놀이·운동을) 하다	网球 wǎngqiú	명 테니스	饺子 jiǎozi	명 자오쯔
大家 dàjiā	대 모두, 여러분	比赛 bǐsài	명 시합, 경기	精彩 jīngcǎi	형 뛰어나다, 훌륭하다
小说 xiǎoshuō	명 소설	英国 Yīngguó	고유 영국	突然 tūrán	부 갑자기

爱 ài	동 ~하기를 좋아하다, 사랑하다	喜爱 xǐ'ài	동 좋아하다, 애호하다	讨厌 tǎoyàn	동 싫어하다
开朗 kāilǎng	형 낙관적이다, 명랑하다	享受 xiǎngshòu	동 누리다, 즐기다	关心 guānxīn	명동 관심 (을 기울이다)
关注 guānzhù	명동 관심(을 가지다)	兴趣 xìngqù	명 흥미, 재미	感兴趣 gǎn xìngqù	동 흥미를 느끼다
有趣儿 yǒuqù(r)	형 재미있다, 사랑스럽다	酷 kù	형 멋지다, 쿨하다	帅 shuài	형 멋지다, 스마트하다
俏爽 qiàoshuǎng	형 영준하고 쾌활하다	自然 zì rán	형 자연스럽다, 꾸밈이 없다	时髦 shímáo	형 현대적이다
整齐 zhěngqí	형 깔끔하다	端庄 duānzhuāng	형 단정하다	调皮 tiáopí	형 장난스럽다, 짓궂다
单纯 dānchún	형 단순하다	勇猛 yǒngměng	형 용맹스럽다		

五道口
Wǔdàokǒu
우다오커우

动物园 → (14) → 天安门西

중국어교재를 사서 한국에 보낼 수 있는

이번 역은 우다오커우입니다.

우다오커우(五道口 Wǔdàokǒu)에 있는 베이징위엔대학교(北京语言大学 Běijīng Yǔyán Dàxué)는 대외한어 연구로 유명한데요, 중국어 연수를 하기 위해 많은 외국인들이 오는 만큼 다양한 중국어 교재들이 만들어지는 곳이기도 합니다. 특히 HSK 시험을 준비하는 사람들이라면 이곳에 가서 다양한 HSK 교재를 비교해 보시기 바랍니다. 구매한 교재는 대학교 안에 있는 우체국에서 바로 EMS로 한국에 보낼 수 있습니다.

오늘은?

우체국에서 EMS를 보낼 수 있습니다.

🎧 C14_01   이번 역의 포인트 단어입니다.
준비하기

寄 jì 동 (우편으로) 부치다. 보내다

寄到 jì dào 동 ~로 보내다

久 jiǔ 형 오래다. (시간이) 길다

的话 de huà 조 ~하다면

才 cái 조 겨우, ~에야 비로소

算 suàn 동 계산하다

按照 ànzhào 개 ~에 따라

放 fàng 동 ~에 놓다

又 yòu 부 또, 거듭, 동시에

重 zhòng 형 무겁다

哦 ò 감 오! 어머!

✓ 본문 대화 내용 중 이 문장만은 꼭 기억해 주세요!

택배 보내기 1 🎧 C14_02

A : 请问这儿能寄**❶**国际特快吗?
Qǐng wèn zhèr néng jì guójì tèkuài ma?

말씀 좀 여쭐게요, 여기 EMS 가능한가요?

B : 能。
Néng.

가능합니다.

❶ EMS는 중국어로 '国际特快专递 guójì tèkuài zhuāndì'라고 합니다.

택배 보내기 2 🎧 C14_03

A : 寄到韩国要**❷**多久?
Jìdào Hánguó yào duō jiǔ?

한국까지 얼마나 걸리나요?

B : 韩国的话**❸**两个星期才能到。
Hánguó de huà liǎng ge xīngqī cái néng dào.

한국 같은 경우는 2주 정도 걸립니다.

❷ '久 jiǔ'는 '오래다, (시간이) 길다'라는 뜻을 가지고 있는 형용사로 앞에 '多 duō'가 붙으면 '얼마나 오래'라는 의가 됩니다.

❸ 양사 앞에서 숫자 2는 '两 liǎng'으로 표현합니다.

秀英　｜　营业员

请问这儿能寄国际特快吗?
Qǐng wèn zhèr néng jì guójì tèkuài ma?
말씀 좀 여쭐게요, 여기 EMS 가능한가요?

能，要寄什么❹东西?
Néng, yào jì shénme dōngxi?
가능합니다. 어떤 거 보내시게요?

这是书，你们这儿费用怎么算?
Zhè shì shū, nǐmen zhèr fèiyòng zěnme suàn?
책이요. 여기서는 어떻게 계산하나요?

我们按照重量和体积算的。先把书放在这儿吧。
Wǒmen ànzhào zhòngliàng hé tǐjī suàn de. Xiān bǎ shū fàngzài zhèr ba.
저희는 무게와 크기로 계산합니다. 책 먼저 여기에 올려 놓으세요.

好的。
Hǎo de.
네.

这个东西又大又重。要寄到哪儿?
Zhège dōngxi yòu dà yòu zhòng. Yào jì dào nǎr?
크고 무겁네요. 어디로 보내시게요?

韩国。 寄到韩国要多久?
Hánguó. Jì dào Hánguó yào duō jiǔ?
한국이요. 한국까지 얼마나 걸리나요?

国内的话❺两三天就能到，韩国的话两个星期才能到。
Guónèi de huà liǎng sān tiān jiù néng dào, Hánguó de huà liǎng ge xīngqī cái néng dào.
국내는 2, 3일이면 되는데, 한국이라면 2주 정도 걸립니다.

哦，❻是这样啊。那帮我寄一下吧。
ò, shì zhèyàng a. Nà bāng wǒ jì yíxià ba.
그렇군요. 알겠습니다. 보내주세요.

好的。
Hǎo de.
알겠습니다.

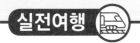

단어 설명 189p

01 ~에 따라 按照

'按照 ànzhào'는 '~에 따라, ~에 근거하여'라는 뜻을 가진 개사로 어떤 규정, 규칙, 방법, 순서 등에 따라 일을 처리함을 나타냅니다.

- 按照顺序来做。
  Ànzhào shùnxù lái zuò.

  순서에 따라 합니다.

- 按照规定办理手续。
  Ànzhào guīdìng bànlǐ shǒuxù.

  규정에 따라 수속을 처리합니다.

- 按照时间来安排。
  Ànzhào shíjiān lái ānpái.

  시간에 따라 배치합니다.

- 按照计划去旅游。
  Ànzhào jìhuà qù lǚyóu.

  계획에 따라 여행을 갑니다.

02 결과보어 在

'在'가 결과보어로 쓰였을 때는 동사 뒤에서 동작의 결과 사람이나 사물이 존재하는 장소, 지점을 보충설명해 주는 역할을 합니다.

- 我住在首尔。
  Wǒ zhùzài Shǒu'ěr.

  저는 서울에 삽니다.

- 他坐在椅子上。
  Tā zuòzài yǐzi shàng.

  그는 의자에 앉았습니다.

- 我躺在床上。
  Wǒ tǎngzài chuáng shàng.

  저는 침대에 누웠습니다.

- 手机放在桌子上吧。
  Shǒujī fàngzài zhuōzi shàng ba.

  휴대전화는 테이블 위에 두세요.

03 ~한다면 的话

'的话 de huà'는 '~한다면, ~이면' 등 가정을 나타내는 표현으로 앞에 '如果 rúguǒ'나 '要是 yàoshi'와 자주 함께 쓰입니다.

· 下雨的话，我不想去了。
　Xià yǔ de huà, wǒ bù xiǎng qù le.

비가 오면 저는 가고 싶지 않습니다.

· 有时间的话，来看看吧。
　Yǒu shíjiān de huà, lái kànkan ba.

시간이 된다면 와서 보세요.

· 要是你忙的话，就不要去了。
　Yàoshi nǐ máng de huà, jiù bú yào qù le.

만약 바쁘다면 가지 마세요.

· 如果你要的话，我帮你买吧。
　Rúguǒ nǐ yào de huà, wǒ bāng nǐ mǎi ba.

만약 당신이 원한다면 제가 대신 살게요.

04 곧, 벌써 就

부사 '就 jiù'는 '바로, 곧, 이미, 벌써' 등의 의미를 가지고 있으며 대상의 동작이 빠르다고 생각 될 때 사용됩니다.

· 她八点就来了。
　Tā bā diǎn jiù lái le.

그녀는 8시에 바로 왔습니다.

· 他昨天就走了。
　Tā zuótiān jiù zǒu le.

그는 어제 바로 갔습니다.

· 咱们吃完饭就出发。
　Zánmen chīwán fàn jiù chūfā.

우리는 밥을 다 먹고 바로 출발합니다.

· 我五点就起床了。
　Wǒ wǔ diǎn jiù qǐchuáng le.

저는 5시에 벌써 일어났습니다.

단어 설명 189p

05 숫자 2의 표현

'二 èr'과 '两 liǎng' 모두 숫자 2을 나타내는 표현인데요, '十 shí' 앞에는 '二 èr'을 사용하며 '百 bǎi' 앞에는 '二 èr'과 '两 liǎng' 모두 쓸 수 있습니다. 그리고 '千 qiān', '万 wàn' 등은 '两 liǎng'을 사용합니다. 또한 '二 èr'은 보통 서수를 표현하고 '两 liǎng'은 수량을 나타내는 양사 앞에 씁니다.

· 那边有两只小狗。
　Nàbiān yǒu liǎng zhī xiǎo gǒu.

저쪽에는 강아지 두 마리가 있습니다.

· 给我两百美元。
　Gěi wǒ liǎngbǎi měiyuán.

저에게 200달러 주세요.

· 一共二十五个人。
　Yígòng èrshíwǔ ge rén.

모두 25명입니다.

· 大概二十公斤左右。
　Dàgài èrshí gōngjīn zuǒyòu.

대략 20kg 정도입니다.

➕ '두 명', '두 개' 등을 나타내는 '两个 liǎng ge'는 합쳐서 '俩 liǎ'라고 표현하기도 합니다.

· 他们俩结婚了。
　Tāmen liǎ jiéhūn le.

그 둘은 결혼했습니다.

· 他们俩是朋友。
　Tāmen liǎ shì péngyou.

그 둘은 친구입니다.

06 ~에야 비로소, 겨우 才

부사 '才 cái'는 '~에야 비로소, 겨우' 등의 의미를 가지고 있으며 대상의 동작이 느리다고 여겨질 때 사용됩니다.

- 她八点才来。
  Tā bā diǎn cái lái.

  그녀는 8시에 겨우 왔습니다.

- 他昨天才走。
  Tā zuótiān cái zǒu.

  그는 어제서야 겨우 갔습니다.

- 吃完饭才出发。
  Chīwán fàn cái chūfā.

  밥을 다 먹어야 출발합니다.

- 我五点才起床。
  Wǒ wǔ diǎn cái qǐchuáng.

  저는 5시에 겨우 일어났습니다.

재미있는 여행을 위한 짧은 Tip

국제 우편을 이용하고 싶은 경우 우체국을 직접 찾아가 보낼 수도 있지만 집에서 앱 하나로 방문 택배를 신청할 수도 있습니다. 관련 앱을 다운로드하고 보내는 주소, 받을 주소, 상품 중량, 수령 희망시간 등을 입력하면 그 시간에 택배를 픽업하러 자신이 있는 곳으로 직접 찾아옵니다. 한 가지 주의할 점은 반드시 꼼꼼하게 찾아보고 믿을 만한 택배 회사로 결정하셔야 생각지 않은 문제가 발생했을 때 빠르게 처리할 수 있습니다.

01 음성을 반복적으로 들으며 성조를 표시하고 한국어 뜻도 함께 써 보세요.

🎧 C14_05

예시

ˇ —
老师
선생님

① 国际特快

_____

② 按照

_____

③ 重量

_____

④ 东西

_____

⑤ 体积

_____

⑥ 这样

_____

02 다음 문장에 대한 병음과 한국어 뜻을 함께 써 보세요.

① 请问这儿能寄国际特快吗?

(병음)

(한국어)

② 先把书放在这儿吧。

(병음)

(한국어)

③ 国内的话两三天就能到, 韩国的话两个星期才能到。

(병음)

(한국어)

03　다음 보기의 단어를 넣어 문장을 완성해 보세요.

| 보기 | 俩　才　就　的话　在　按照 |

1　他坐(　　)椅子上。
2　他昨天(　　)走了。
3　他们(　　)结婚了。
4　我五点(　　)起床。
5　(　　)规定办理手续。
6　如果你要(　　)，我帮你买吧。

04　다음 단어를 조합하여 문장을 완성해 보세요.

1　在 / 住 / 我 / 首尔

_____

2　出发 / 吃 / 饭 / 完 / 才

_____

3　朋友 / 俩 / 他们 / 是

_____

🚄 정답

01
1 guójì tèkuài 명 EMS   **2** ànzhào 개 ~에 따라   **3** zhòngliàng 명 중량, 무게

4 dōngxi 명 물건   **5** tǐjī 명 부피   **6** zhèyàng 대 이렇게, 이와 같다

02
1 Qǐng wèn zhèr néng jì guójì tèkuài ma? 말씀 좀 여쭐게요, 여기 EMS 가능한가요?

2 Xiān bǎ shū fàngzài zhèr ba. 책 먼저 여기에 올려 놓으세요.

3 Guónèi de huà liǎng sān tiān jiù néng dào, Hánguó de huà liǎng ge xīngqī cái néng dào. 국내는 2, 3일이면 되는데, 한국이라면 2주 정도 걸립니다.

03
1 在   **2** 就/才   **3** 俩   **4** 才/就   **5** 按照   **6** 的话

04
1 我住在首尔。   **2** 吃完饭才出发。   **3** 他们俩是朋友。

🚄 설명(공부하기)

❹ '东西 dōngxi'는 '물건'이나 '(도리, 지식 등) 추상적인 것'을 나타내기도 합니다.

❺ 대략적인 수를 말할 때 한국어와 같이 '2, 3일'이라고 숫자를 연이어 표현할 수 있습니다.

❻ '그렇군요'라고 표현할 때 '是这样 shì zhèyàng'이라고 하시면 됩니다. 자주 쓰는 표현이니까요, 통째로 외워 두세요.

188 / 189 五道口 우다오커우

国际特快 guójì tèkuài　명 EMS

东西 dōngxi　명 물건

你们 nǐmen　대 너희들, 당신들

费用 fèiyòng　명 비용

重量 zhòngliàng　명 중량, 무게

体积 tǐjī　명 부피

国内 guónèi　명 국내

这样 zhèyàng　대 이렇게, 이와 같다

营业员 yíngyèyuán　명 점원

顺序 shùnxù　명 순서

规定 guīdìng　명 규정, 규칙

办理 bànlǐ　동 해결하다, 처리하다

手续 shǒuxù　명 수속

计划 jìhuà　명동 계획(하다)

住 zhù　동 살다

首尔 Shǒu'ěr　고유 서울(지명)

椅子 yǐzi　명 의자

上 shàng　명 위, 위쪽

躺 tǎng　동 눕다

床 chuáng　명 침대

桌子 zhuōzi　명 테이블, 탁자

忙 máng　형 바쁘다

如果 rúguǒ　접 만약

昨天 zuótiān　명 어제

完 wán　동 끝나다, 끝마치다

出发 chūfā　동 출발하다

起床 qǐchuáng　동 기상하다, 일어나다

只 zhī　양 마리

公斤 gōngjīn　양 킬로그램, kg

安排 ānpái　명동 배치(하다), 안배(하다)

一共 yígòng　부 모두, 합쳐, 전부

邮局 yóujú　명 우체국

挂号信 guàhàoxìn　명 등기우편

普通邮件 pǔtōng yóujiàn　명 보통우편

航空邮件 hángkōng yóujiàn　명 항공우편

特快专递 tèkuài zhuāndì　명 특급 우편(EMS)

包裹 bāoguǒ　명 소포

快递 kuàidì　명 택배

挂号费 guàhàofèi　명 접수비

包装 bāozhuāng　명동 포장(하다)

国际 guójì　명 국제

国家 guójiā　명 국가

国籍 guójí　명 국적

城市 chéngshì　명 도시

寄件人 jì jiàn rén　명 보내는 사람

收件人 shōu jiàn rén　명 받는 사람

地址 dìzhǐ　명 주소

邮编 yóubiān　명 우편번호

签名 qiānmíng　명동 서명(하다)

内件品名 nèi jiàn pǐnmíng　보내는 물품 품명

计费重量 jì fèi zhòngliàng　무게 비용

邮费 yóufèi　명 우편 요금

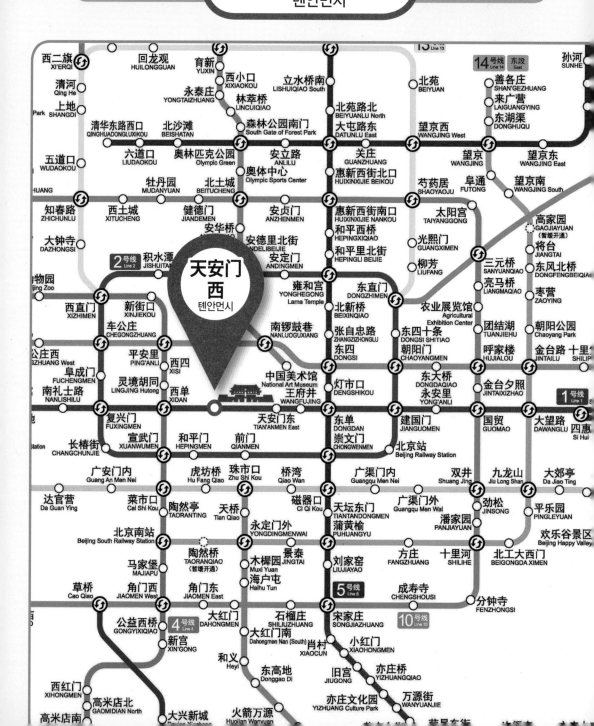

이번 역은 톈안먼시입니다.

베이징 시 중심에 자리 잡고 있는 쯔진청(紫禁城 Zǐjìnchéng)과 멀리 있는 높은 건물들까지 베이징 시를 한눈에 볼 수 있는 곳이 바로 징샨공위안(景山公园 Jǐngshān Gōngyuán)입니다. 징샨공위안은 원대부터 대대로 왕궁의 후원이었던 곳으로 징샨공위안에서 웅장한 쯔진청의 모습을 내려다본다면 그 옛날 나라를 다 가진 황제의 마음을 고스란히 느낄 수 있습니다.

오늘은?

기분 · 상태 등을 표현할 수 있습니다.

🎧 C15_01　이번 역의 포인트 단어입니다.
준비하기

让 ràng 개 ~로 하여금, ~하게 하다

可能 kěnéng 조동 가능하다

从 cóng 개 ~로부터

跳 tiào 동 튀어 오르다

出来 chūlái 동 나오다

错 cuò 형 틀리다

要不 yàobù 접 아니면, 그러지 않으면

跑 pǎo 동 달리다, 달아나다

见 jiàn 동 보다, 만나다

骗 piàn 동 속이다, 기만하다

✓ 본문 대화 내용 중 이 문장만은 꼭 기억해 주세요!

상태 표현하기 1 🎧 C15_02

A : ❶景山公园真好啊!
Jǐngshān Gōngyuán zhēn hǎo a!

징샨공위안 진짜 좋다!

B : 对啊，真让人心旷神怡。
Duì a, zhēn ràng rén xīnkuàngshényí.

응, 진짜 가슴이 탁 트이고 상쾌하네.

❶ 징샨공위안(景山公园 Jǐngshān Gōngyuán)은 쯔진청
(紫禁城 Zǐjìnchéng) 북쪽에 위치한 공원으로 공원에서
거대한 쯔진청 전체를 조망할 수 있습니다.

상태 표현하기 2 🎧 C15_03

A : 突然从树后跳出来❷的。
Tūrán cóng shù hòu tiào chūlái de.

나무 뒤에서 갑자기 튀어 온 거야.

B : 你看错了吧。
Nǐ kàncuò le ba.

네가 잘못 봤겠지.

❷ '是……的 shì……de' 강조구문으로으로 앞에 '是 shì'가
생략되어 있습니다.

安迪 秀英

景山公园真好啊！
Jǐngshān Gōngyuán zhēn hǎo a!
징산공위안 진짜 좋다!

对啊，真让人心旷神怡。
Duì a, zhēn ràng rén xīnkuàngshényí.
응, 진짜 가슴이 탁 트이고 상쾌하네.

❸你看！那是什么?
那不是小松鼠吗?
Nǐ kàn! Nà shì shénme?
Nà búshì xiǎo sōngshǔ ma?
봐! 저거 뭐지? 저거 다람쥐 아니야?

小松鼠？不可能，这是北京
市中心的公园，怎么可能
有小松鼠呢?
Xiǎo sōngshǔ? Bù kěnéng, zhè shì Běijīng
shì zhōngxīn de gōngyuán, zěnme kěnéng
yǒu xiǎo sōngshǔ ne?
다람쥐? 설마, 여기 베이징 시 한가운데에 있는 공
원이야. 어떻게 다람쥐가 있을 수 있겠어?

真的！突然从树后跳出来的。
Zhēn de! Tūrán cóng shù hòu tiào chūlái de.
진짜야! 나무 뒤에서 갑자기 튀어 나왔어.

你看错了吧。要不咱们一起去
看看。
Nǐ kàncuò le ba. Yàobù zánmen yìqǐ qù
kànkan.
네가 잘못 봤겠지. 아니면 우리 같이 가서 봐 보자.

它已经跑了，不见了。
Tā yǐjīng pǎo le, bú jiàn le.
이미 없어졌어, 안 보여.

你不是骗我的吧?
Nǐ búshì piàn wǒ de ba?
거짓말하는 거 아니지?

❹没有！是真的！
Méiyǒu! Shì zhēn de!
아니야. 진짜야!

01 방향보어

방향보어는 술어 뒤에서 동작의 방향을 보충 설명해주는 표현으로 上 shàng, 下 xià, 进 jìn, 出 chū, 过 guò, 回 huí, 起 qǐ, 开 kāi, 来 lái, 去 qù 등이 방향보어로 쓰입니다.

· **快下来吃饭吧。**
  Kuài xiàlái chī fàn ba.

빨리 내려와서 밥 먹어요.

· **我们该准备了，快进来吧。**
  Wǒmen gāi zhǔnbèi le, kuài jìnlái ba.

우리 준비해야 하니까 빨리 들어오세요.

방향보어 중에서도 동사의 뒤에 동작의 방향을 나타내는 방향보어 두 개가 함께 오는 것을 복합방향보어라고 합니다.

· **他从房间跑出来了。**
  Tā cóng fángjiān pǎo chūlái le.

그는 방에서 뛰어 나왔습니다.

· **她把单词都写出来了。**
  Tā bǎ dāncí dōu xiě chūlái le.

그녀는 단어를 모두 써 냈습니다.

02 반어문 不是……吗?

'不是……吗 búshì……ma'는 '~한(인) 거 아닌가요?'라는 반어문을 만드는 표현으로 긍정의 의미를 강조합니다.

- 他不是安迪吗?
  Tā búshì Ān Dí ma?

  그는 앤디 아닌가요?

- 这不是你的吗?
  Zhè búshì nǐ de ma?

  이거 당신 거 아닌가요?

- 今天不是星期二吗?
  Jīntiān búshì Xīngqī'èr ma?

  오늘 화요일 아닌가요?

- 这个不是麻辣龙虾吗?
  Zhège búshì málàlóngxiā ma?

  이거 마라룽샤 아닌가요?

03 ~부터 从

'从 cóng'은 '~부터'라는 뜻을 가진 개사로 출발점을 나타내며 시간과 거리를 모두 나타낼 수 있습니다. 주로 '~까지'의 의미를 가지고 있는 '到 dào'와 함께 호응해 쓰입니다.

- 他从北京出发了。
  Tā cóng Běijīng chūfā le.

  그는 베이징에서 출발했습니다.

- 我从明天开始想自学汉语。
  Wǒ cóng míngtiān kāishǐ xiǎng zìxué Hànyǔ.

  저는 내일부터 혼자 중국어 공부를 하려 합니다.

- 他从早上到晚上一直在看电影。
  Tā cóng zǎoshang dào wǎnshang yìzhí zài kàn diànyǐng.

  그는 아침부터 저녁까지 계속 영화를 보고 있습니다.

- 从首尔到上海坐飞机要多久?
  Cóng Shǒu'ěr dào Shànghǎi zuò fēijī yào duō jiǔ?

  서울에서 상하이까지 비행기로 얼마나 걸리나요?

단어 설명 201p

04 ~하게 하다 让

'让 ràng'은 '~하게 하다, ~하게 시키다'라는 뜻을 가진 사역동사로 'A 让 rang B' 형식으로 쓰여 'A가 B에게 ~하라고 하다, ~하라고 시키다'라고 해석할 수 있습니다.

- 他让我回家。
  Tā ràng wǒ huí jiā.

  그는 저를 집으로 보냈습니다.

- 这个酒店让人很舒服。
  Zhège jiǔdiàn ràng rén hěn shūfu.

  이 호텔은 사람을 참 편하게 합니다.

- 这件事让我很高兴。
  Zhè jiàn shì ràng wǒ hěn gāoxìng.

  이 일은 저를 기쁘게 합니다.

- 她不让我去。
  Tā bú ràng wǒ qù.

  그녀는 저를 가지 못하게 합니다.

05 아니면 要不

'要不 yàobù'는 '아니면, 그러지 않으면' 등의 뜻을 가진 접속사로 앞 상황에 대한 새로운 제안을 제시할 때 사용할 수 있습니다.

- 要不你去吧。
  Yàobù nǐ qù ba.

  아니면 당신이 가세요.

- 要不你先走吧。
  Yàobù nǐ xiān zǒu ba.

  아니면 당신 먼저 가세요.

- 要不让他来吧。
  Yàobù ràng tā lái ba.

  아니면 그에게 오라고 하세요.

- 要不咱们一起吃吧。
  Yàobù zánmen yìqǐ chī ba.

  아니면 우리 같이 먹어요.

06 연동문

연동문이란 하나의 주어에 두 개의 동사가 연속해서 나온 문장을 말하며 일이 발생한 순서대로
나열합니다.

- 我去看电影。
  Wǒ qù kàn diànyǐng.

  저는 영화를 보러 갑니다.

- 他坐地铁去天安门。
  Tā zuò dìtiě qù Tiān'ānmén.

  그는 지하철을 타고 톈안먼에 갑니다.

- 她去超市买水果。
  Tā qù chāoshì mǎi shuǐguǒ.

  그녀는 슈퍼마켓에 가서 과일을 삽니다.

- 咱们去麦当劳吃汉堡包怎么样?
  Zánmen qù Màidāngláo chī hànbāobāo
  zěnmeyàng?

  우리 맥도날드 가서 햄버거 먹는 거 어때요?

재미있는 여행을 위한 짧은 Tip

베이징에는 다양한 공원들이 있습니다. 쯔진청(紫禁城 Zǐjìnchéng)을 내려다볼 수 있
는 징샨공위안(景山公园 Jǐngshān Gōngyuán)을 포함해 베이징을 대표하는 톈탄공위
안(天坛公园 Tiāntán Gōngyuán), 세계 각지에 있는 랜드마크들의 미니어처를 전시한
베이징스제공위안(北京世界公园 Běijīng Shìjiè Gōngyuán), 호수가 아름다운 베이하
이공위안(北海公园 Běihǎi Gōngyuán) 등 다양한 공원들이 있으니까요, 여행 계획하실
때 참고해 주세요!

01 음성을 반복적으로 들으며 성조를 표시하고 한국어 뜻도 함께 써 보세요.

🎧 C15_05

예시

ˇ ˉ
老师
선생님

1 景山公园 ☐☐☐☐
_____

2 突然 ☐☐
_____

3 松鼠 ☐☐
_____

4 出来 ☐☐
_____

5 可能 ☐☐
_____

6 中心 ☐☐
_____

02 다음 문장에 대한 병음과 한국어 뜻을 함께 써 보세요.

1 那不是小松鼠吗?
(병음)
(한국어)

2 这是北京市中心的公园, 怎么可能有小松鼠呢?
(병음)
(한국어)

3 你看错了吧。要不咱们一起去看看。
(병음)
(한국어)

03   다음 보기의 단어를 넣어 문장을 완성해 보세요.

> 보기   去   要不   出来   从   不是   让

1 今天(   )星期二吗？
2 他(   )北京出发了。
3 这件事(   )我很高兴。
4 她把单词都写(   )了。
5 她(   )超市买水果。
6 (   )让他来吧。

04   다음 단어를 조합하여 문장을 완성해 보세요.

1 酒店 / 这个 / 人 / 很 / 让 / 舒服

_____

2 开始 / 我从 / 明天 / 想 / 汉语 / 自学

_____

3 天安门 / 他 / 地铁 / 坐 / 去

_____

01 ① Jǐngshān Gōngyuán 몡 징샨공위안   ② tūrán 뵞 갑자기

       ③ sōngshǔ 몡 다람쥐   ④ chūlái 통 나오다

       ⑤ kěnéng 조통 가능하다   ⑥ zhōngxīn 몡 중심, 센터

02 ① Nà bú shì xiǎo sōngshǔ ma? 저거 다람쥐 아니야?

       ② Zhè shì Běijīng shì zhōngxīn de gōngyuán, zěnme kěnéng yǒu xiǎo sōngshǔ ne?
여기 베이징 시 한가운데에 있는 공원이야. 어떻게 다람쥐가 있을 수 있겠어?

       ③ Nǐ kàncuò le ba. Yàobù zánmen yìqǐ qù kànkan.
네가 잘못 봤겠지. 아니면 우리 같이 가서 봐 보자.

03 ① 不是   ② 从   ③ 让   ④ 出来   ⑤ 去   ⑥ 要不

04 ① 这个酒店让人很舒服。   ② 我从明天开始想自学汉语。

       ③ 他坐地铁去天安门。

🚊 설명(공부하기)

❸ '你看 nǐ kàn'은 한국어로 '당신이 보다'가 아니라 '봐, 봐봐' 등으로 해석될 수 있습니다.

❹ 여기서 '没有 méiyǒu'는 '없다'가 아닌 '아니다'라는 의미로 쓰였습니다. 일반적으로 '没有 méiyǒu'는 '없다'라는 뜻으로 알고 계신데요, '아니다'라고 말할 때도 쓸 수 있다는 거 꼭 기억해 주세요!

景山公园 Jǐngshān Gōngyuán　　[고유] 징샨공위안　　心旷神怡 xīnkuàngshényí　　마음이 트이고 기분이 유쾌하다

树 shù　　[명] 나무　　后 hòu　　[명] 뒤　　松鼠 sōngshǔ　　[명] 다람쥐

市 shì　　[명] 시　　中心 zhōngxīn　　[명] 중심, 센터

回家 huí jiā　　[동] 집으로 돌아가다 (돌아오다)　　麻辣龙虾 málàlóngxiā　　[명] 마라롱샤　　自学 zìxué　　[명][동] 독학(하다)

早上 zǎoshang　　[명] 아침　　该 gāi　　[조동] ~해야 한다　　单词 dāncí　　[명] 단어

天安门 Tiān'ānmén　　[명] 톈안먼　　水果 shuǐguǒ　　[명] 사과　　麦当劳 Màidāngláo　　[고유] 맥도날드(업체명)

开心 kāixīn　　[형] 즐겁다　　愉快 yúkuài　　[형] 유쾌하다　　好玩儿 hǎowánr　　[형] 재미있다

有意思 yǒu yìsi　　[형] 재미있다　　好笑 hǎoxiào　　[형] 우습다　　感动 gǎndòng　　[동] 감동하다

兴奋 xīngfèn　　[동] 흥분하다　　可气 kěqì　　[형] 화나다, 부아가 치밀다　　满意 mǎnyì　　[형] 만족스럽다

还可以 hái kěyǐ　　[형] 그저 그렇다, 괜찮다　　没有意思 méi yǒu yìsi　　[형] 재미없다　　羡慕 xiànmù　　[동] 부러워하다

吃惊 chījīng　　[동] (깜짝) 놀라다　　放心 fàngxīn　　[동] 안심하다　　着急 zháojí　　[동] 조급해하다

难过 nánguò　　[형] 괴롭다, 슬프다　　害怕 hàipà　　[동] 두려워하다, 무서워하다　　寂寞 jìmò　　[형] 쓸쓸하다, 적막하다

幸福 xìngfú　　[명][형] 행복(하다)　　失望 shīwàng　　[동] 실망하다　　伤心 shāngxīn　　[동] 상심하다, 슬퍼하다

心疼 xīnténg　　[동] 아까워하다, 몹시 아끼다

前门

Qiánmén
치엔먼

天安门西 → (16) → 南锣鼓巷

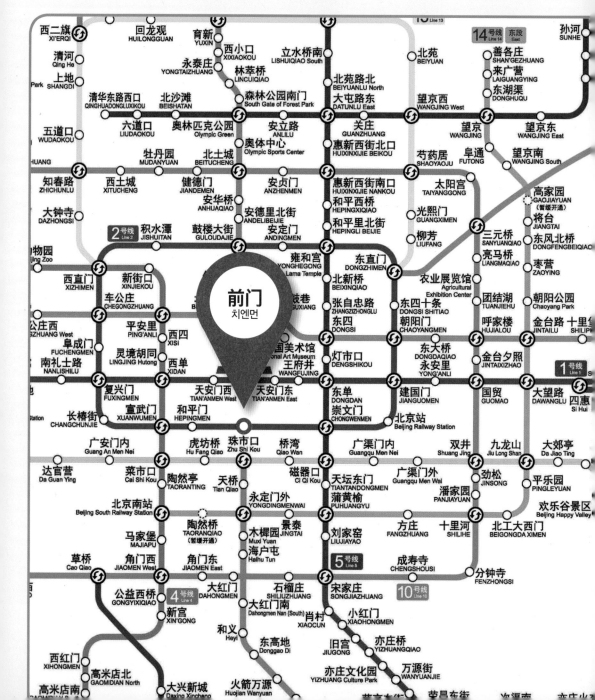

이번 역은 치엔먼입니다.

중국에서는 100년 이상 된 가게에 라오즈하오(老字号 lǎozìhào)라는 등록 상표를 주는데요,
치엔먼(前门 Qiánmén)의 따자란(大栅栏 Dàzhàlán) 거리에는 특히 이 상표를 가지고 있는 상
점들이 많습니다. 한국 사람들에게 '동인당'으로 익숙한 약방 퉁런탕(同仁堂 Tóngréntáng) 본
점도 이곳 치엔먼에 있는데요, 현재 1층에서는 주로 관광 상품을 판매하고 2층에서는 진맥을
비롯한 간단한 진찰과 한약 처방도 받을 수 있으니까요, 몸에 기운이 없다 싶을 때 한 번 찾아가
보는 것도 좋을 거 같아요!

오늘은?

아픈 곳을 알고 말할 수 있습니다.

🎧 C16_01   이번 역의 포인트 단어입니다.

준비하기

拉肚子 lā dùzi 통 설사하다

开 kāi 통 처방하다

休息 xiūxi 명통 휴식(하다)

疼 téng 통 아프다

好像 hǎoxiàng 통 마치 ~과 같다

得 dé 통 얻다

随便 suíbiàn 통 마음대로 하다

最好 zuìhǎo 부 가장 바람직한 것은

要是……就 yàoshi……jiù
　　만일 ~이라면, 바로 ~하다

过来 guòlái 통 (말하는 사람쪽으로) 오다

✓ 본문 대화 내용 중 이 문장만은 꼭 기억해 주세요!

증상 말하기 1　🎧 C16_02

A : **❶怎么了?**
Zěnme le?

어디가 안 좋으세요?

B : **我一直拉肚子。**
Wǒ yìzhí lā dùzi.

계속 설사를 해요.

❶ '怎么了 zěnme le'는 '무슨 일이죠?', '어떻게 된 거죠?'
등 상대방의 상황을 물을 때 사용하는 표현입니다.

증상 말하기 2　🎧 C16_03

A : **我给你❷开点儿药吧。吃完药❸好好
儿休息。**
Wǒ gěi nǐ kāi diǎnr yào ba. Chīwán yào hǎohāor
xiūxi.

약을 지어 드릴게요. 약 먹고 푹 쉬세요.

B : **好的。**
Hǎo de.

알겠습니다.

❷ '약을 처방하다'라고 할 때는 동사 '开 kāi'를 사용합니다.
❸ '好好儿 hǎohāor'은 '잘, 제대로'의 뜻이 있습니다.

医生   秀英

❹怎么了?
Zěnme le?
어디가 안 좋으세요?

我一直拉肚子。
Wǒ yìzhí lā dùzi.
계속 설사를 해요.

几天了?
Jǐ tiān le?
며칠 됐어요?

已经两三天了。
Yǐjīng liǎng sān tiān le.
이미 2, 3일 됐어요.

肚子疼吗?
Dùzi téng ma?
배도 아픈가요?

肚子疼。
Dùzi téng.
아파요.

发烧吗?
Fāshāo ma?
열은 나나요?

发烧。
Fāshāo.
열 나요.

你好像得了肠炎。我给你开点儿
药吧。吃完药好好儿休息。
Nǐ hǎoxiàng dé le chángyán. Wǒ gěi nǐ kāi
diǎnr yào ba. Chīwán yào hǎohāor xiūxi.
아무래도 장염에 걸린 거 같네요. 약을 좀 지어드릴
게요. 약 먹고 푹 쉬세요.

好的。
Hǎo de.
알겠습니다.

❺不要随便吃东西，最好今天不
要吃饭，明天开始❻喝点儿粥。
Bú yào suíbiàn chī dōngxi, zuìhǎo jīntiān bú
yào chī fàn, míngtiān kāishǐ hē diǎnr zhōu.
아무거나 드시지 마시고, 오늘은 식사 안 하시는 게
가장 좋습니다. 내일부터 죽을 드세요.

要是一直拉肚子，就再过来看
看。
Yàoshi yìzhí lā dùzi, jiù zài guòlái kànkan.
만약 계속 설사하시면 바로 오세요.

好的。
Hǎo de.
알겠습니다.

단어 설명 213p

01 ~인 것 같다 好像

'好像 hǎoxiàng'은 '~인 것 같다'라는 추측을 나타내는 표현입니다.

- **好像迟到了。**
  Hǎoxiàng chídào le.

  지각인 거 같습니다.

- **他好像不来了。**
  Tā hǎoxiàng bù lái le.

  그는 오지 않을 거 같습니다.

- **好像感冒了。**
  Hǎoxiàng gǎnmào le.

  감기 걸린 거 같습니다.

- **她好像已经走了。**
  Tā hǎoxiàng yǐjīng zǒu le.

  그녀는 이미 간 거 같습니다.

02 결과보어 完

'끝나다'의 뜻을 가진 '完 wán'이 결과보어로 쓰이면 동작의 완료, 완성을 나타내게 됩니다.

- **作业都做完了。**
  Zuòyè dōu zuòwán le.

  과제를 다 했습니다.

- **这本书已经看完了。**
  Zhè běn shū yǐjīng kànwán le.

  이 책은 이미 다 봤습니다.

- **吃完饭后一起去吧。**
  Chīwán fàn hòu yìqǐ qù ba.

  밥 다 먹고 같이 가요.

- **都准备完了，可以走了。**
  Dōu zhǔnbèiwán le, kěyǐ zǒu le.

  준비 다 됐어요. 가도 돼요.

03 형용사의 중첩

형용사를 중첩하여 사용하면 그 의미가 강조되며 1음절 형용사는 'AA' 형식으로, 2음절 형용사는 'AABB' 형식으로 씁니다.

- 慢慢地说。
  Mànmān de shuō.

  느리게 말합니다.

- 打扫得干干净净。
  Dǎsǎo de gānganjìngjìng.

  깨끗하게 청소했습니다.

- 清清楚楚地记得。
  Qīngqingchǔchǔ de jìde.

  분명하게 기억합니다.

- 她高高兴兴地走了。
  Tā gāogaoxìngxìng de zǒu le.

  그녀는 즐겁게 갔습니다.

04 ~하지 마라 不要

'不要 bú yào'는 '～하지 마라'라는 뜻으로 금기를 나타내는 표현입니다.

- 不要先走。
  Bú yào xiān zǒu.

  먼저 가지 마세요.

- 不要在这儿吃饭。
  Bú yào zài zhèr chī fàn.

  여기서 밥 먹지 마세요.

- 不要随便拿东西。
  Bú yào suíbiàn ná dōngxi.

  마음대로 물건을 가져가지 마세요.

- 上课的时候，不要睡觉。
  Shàngkè de shíhou, bú yào shuìjiào.

  수업할 때 자지 마세요.

05 마음대로 하다 随便

'随便 suíbiàn'은 '마음대로, 좋을대로'라는 뜻을 가지고 있을 뿐만 아니라 '함부로, 제멋대로'라는 뜻고 가지고 있어서 상황에 따라 적절하게 사용하셔야 합니다.

- 你随便挑一个。
  Nǐ suíbiàn tiāo yí ge.

  마음대로 하나 고르세요.

- 请不要随便说。
  Qǐng bú yào suíbiàn shuō.

  아무렇게나 말하지 마세요.

- 请随便看看吧。
  Qǐng suíbiàn kànkan ba.

  마음껏 보세요.

- 你随便。
  Nǐ suíbiàn.

  당신 마음대로 하세요.

06 만일 ~이라면, 바로 ~하다 要是......就

'要是 yàoshi'는 '만일 ~이라면, 만약 ~하면'의 뜻을 가진 가정을 나타내는 표현으로 '就 jiù'와 자주 호응해 씁니다.

- 要是她来了，就告诉我吧。
  Yàoshi tā lái le, jiù gàosu wǒ ba.

  그녀가 오면 바로 저에게 알려주세요.

- 要是明天下雨，就改天去吧。
  Yàoshi míngtiān xià yǔ, jiù gǎitiān qù ba.

  내일 비가 오면 다른 날 가요.

- 要是有问题，就给我打电话吧。
  Yàoshi yǒu wèntí, jiù gěi wǒ dǎ diànhuà ba.

  문제가 있으면 바로 저에게 전화 주세요.

- 要是又不舒服，就马上过来看看吧。
  Yàoshi yòu bù shūfu, jiù mǎshàng guòlái kànkan ba.

  또 불편해지면 바로 오세요.

💬 중국 병원 등급

중국 병원에는 등급이 있는데요, 병원의 규모, 연구 방향, 인재 기술역량, 의료설비 등이 병원의 자질 평가 지표가 되어 등급이 나누어진다고 합니다. 등급에 따라 의료 수준의 차이가 있기 때문에 병원을 방문하시기 전에 등급을 꼭 확인해 보는 것이 좋습니다. 중국 병원의 등급은 규모에 따라 1~3급으로, 다시 1~3급 갑, 을, 병으로 나눠집니다. 따라서 3급 갑 병원이 가장 큰 병원이라 할 수 있습니다. 중국에서 병원을 이용하실 때는 반드시 여권을 소지해야 하니까요, 만약 병원 갈 일이 생겼다면 당황하지 마시고 여권부터 꼭 챙겨서 방문하시기 바랍니다!

재미있는 여행을 위한 짧은 Tip ─────────

차오양취(朝阳区 Cháoyáng Qū)에 있는 왕징(望京 Wàngjīng)은 베이징 시에 위치한 한인타운으로 한국 학교, 음식점, 쇼핑센터뿐만 아니라 한국어가 가능한 인터내셔널 병원, 한의원들도 있으니까요, 베이징 여행 중 갑자기 아플 때 왕징(望京 Wàngjīng)쪽으로 가시면 중국어를 못하더라도 도움을 받을 수 있습니다!

01 음성을 반복적으로 들으며 성조를 표시하고 한국어 뜻도 함께 써 보세요.

🎧 C16_05

예시
ˇ ˉ
老师
선생님

☐☐☐
① 拉肚子
_____

☐☐
② 休息
_____

☐☐☐
③ 好好儿
_____

☐☐☐
④ 肚子疼
_____

☐☐
⑤ 发烧
_____

☐☐
⑥ 肠炎
_____

02 다음 문장에 대한 병음과 한국어 뜻을 함께 써 보세요.

① 你好像得了肠炎。
(병음)
(한국어)

② 吃完药好好儿休息。
(병음)
(한국어)

③ 要是一直拉肚子，就再过来看看。
(병음)
(한국어)

03 다음 보기의 단어를 넣어 문장을 완성해 보세요.

> 보기   要是   随便   不要   清清楚楚   完   好像

1 (   )明天下雨，就改天去吧。
2 他(   )不来了。
3 都准备(   )了，可以走了。
4 (   )在这儿吃饭。
5 (   )地记得。
6 请(   )看看吧。

04 다음 단어를 조합하여 문장을 완성해 보세요.

1 了 / 好像 / 已经 / 她 / 走

_____

2 拿 / 随便 / 不要 / 东西

_____

3 要是 / 吧 / 她 / 来了 / 告诉 / 就 / 我

_____

🚄 정답

01 ① lā dùzi 동 설사하다　②xiūxi 명동 휴식(하다)　③hǎohāor 부 잘, 제대로

　　④dùzi téng 배가 아프다　⑤fāshāo 동 열이 나다　⑥chángyán 명 장염

02 ①Nǐ hǎoxiàng dé le chángyán. 아무래도 장염에 걸린 거 같네요.

　　②Chīwán yào hǎohāor xiūxi. 약 먹고 푹 쉬세요.

　　③Yàoshi yìzhí lā dùzi, jiù zài guòlái kànkan. 만약 계속 설사하시면 바로 오세요.

03 ①要是　　②好像　　③完　　④不要　　⑤清清楚楚　　⑥随便

04 ①她好像已经走了。　②不要随便拿东西。　③要是她来了，就告诉我吧。

🚄 설명(공부하기)

❹ '哪儿不舒服? Nǎr bù shūfu?'라고 물어볼 수도 있습니다.

❺ '不要 bú yào'는 '~하지 마라'라는 금지의 뜻을 가지고 있는데요, 같은 뜻을 가지고 있는 '别
   bié'와 비교했을 때 좀 더 격식을 갖춘 자리나 공식적인 입장을 나타낼 때 쓸 수 있는 표현입니다.

❻ 중국에서 죽은 '먹다'가 아닌 '마시다'라고 표현합니다.

| 药 yào | 명 약 | 肚子 dùzi | 명 배 | 肠炎 chángyán | 명 장염 |
| 粥 zhōu | 명 죽 | 医生 yīshēng | 명 의사 | | |

迟到 chídào	동 지각하다	感冒 gǎnmào	명동 감기에 (걸리다)	作业 zuòyè	명 과제
地 de	조 부사어가 되는 단어 또는 상황어의 뒤에 쓰여 동사나 형용사를 수식할 경우에 쓰임				
干净 gānjìng	형 깨끗하다	打扫 dǎsǎo	동 청소하다	清楚 qīngchu	형 분명하다, 명확하다
记得 jìde	동 기억하다	上课 shàngkè	동 수업하다	挑 tiāo	동 고르다, 선택하다
告诉 gàosu	동 알리다, 말하다	改天 gǎitiān	명 후일, 딴 날	打 dǎ	동 (전화를) 걸다
电话 diànhuà	명 전화				

医院 yīyuàn	명 병원	大夫 dàifu	명 의사	护士 hùshì	명 간호사
门诊 ménzhěn	명 외래진료	急诊室 jízhěnshì	명 응급실	体温 tǐwēn	명 체온
打针 dǎzhēn	동 주사를 놓다	软膏 ruǎngāo	명 연고	橡皮膏 xiàngpí gāo	명 반창고
头疼 tóu téng	명 두통	嗓子疼 sǎngzi téng	명 인후통	咳嗽 késòu	명동 기침(하다)
出血 chū xiě	동 피나다	头晕 tóuyūn	형 어지럽다	痒痒 yǎngyang	형 가렵다
恶心 ěxin	형 메스껍다	流鼻涕 liú bítì	콧물이 흐르다	出冷汗 chū lěnghàn	식은땀이 나다

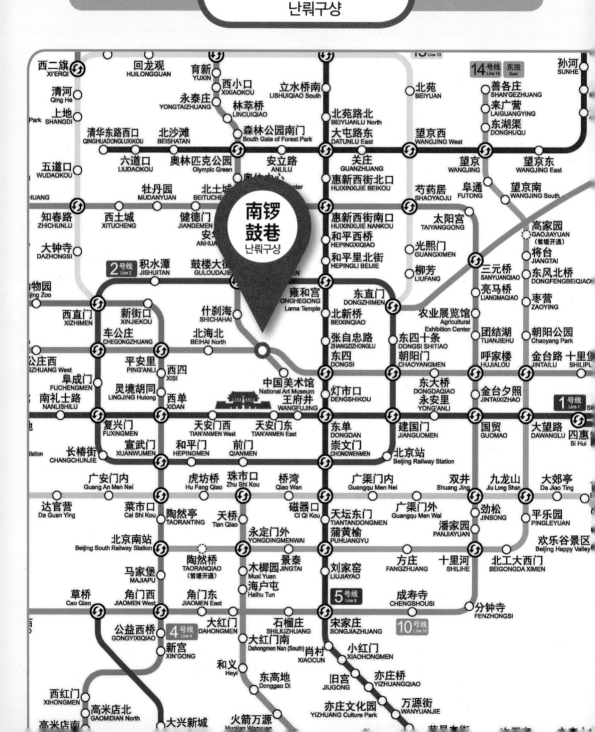

베이징의 옛 정취를 느낄 수 있는
이번 역은 난뤄구샹입니다.

베이징의 핫플레이스 중 한 곳인 난뤄구샹(南锣鼓巷 Nánluógǔxiàng)은 베이징에서 가장 오래된 후퉁(胡同 hútòng)으로 유명한 거리인데요, 서울의 북촌이나 전주의 한옥마을처럼 옛날 집들이 모여 있는 골목 거리로 원래 굉장히 조용한 곳이었는데 '궈커 바(过客 吧, Pass By Bar)'가 이곳에 들어선 뒤 데이트 장소 등으로 추천되면서 베이징의 새로운 문화명소로 떠올랐습니다.

오늘은?

경험을 말할 수 있습니다.

🎧 **C17_01**　이번 역의 포인트 단어입니다.
준비하기

过 guo 조 동사 뒤에 붙어 과거 경험을 나타냄

最 zuì 부 가장, 제일

古老 gǔlǎo 형 오래되다

美 měi 형 아름답다

次 cì 양 번, 횟수

话 huà 명동 말(하다)

更 gèng 부 더, 더욱

还有 háiyǒu 접 그리고

一定 yídìng 부 반드시, 꼭

之一 zhī yī ~중 하나

✓ 본문 대화 내용 중 이 문장만은 꼭 기억해 주세요!

경험 말하기 1 🎧 C17_02

A : 你去过❶南锣鼓巷吗?
Nǐ qùguo Nánluógǔxiàng ma?

난뤄구샹 가 봤어?

B : 还没去过呢。
Hái méi qùguo ne.

아직 안 가 봤어.

❶ '난뤄구샹(南锣鼓巷 Nánluógǔxiàng)'은 베이징에서
가장 오래된 골목입니다.

경험 말하기 2 🎧 C17_03

A : 是 "❷胡同儿" 对吧?
Shì "hútòngr" duì ba?

'후퉁(골목)' 맞지?

B : 是的。南锣鼓巷是北京最古老的
街区❸之一。
Shì de. Nánluógǔxiàng shì Běijīng zuì gǔlǎo de
jiēqū zhī yī.

맞아. 난뤄구샹는 베이징에서 가장 오래된 골목 중
하나야.

❷ '작은 거리' 또는 '골목'을 '胡同儿 hútòngr'이라고 합니다.
❸ '~중 하나'라고 표현할 때 사용됩니다.

秀英 安迪

你去过南锣鼓巷吗?
Nǐ qùguo Nánlóugǔxiàng ma?
난뤄구샹 가 봤어?

还没去过呢，❹听说那里特别美。
Hái méi qùguo ne, tīng shuō nàlǐ tèbié měi.
아직 안 가 봤어. 거기 경치 진짜 좋다던데.

是的，我也只去过一次，感觉特别好。离❺什刹海很近。
Shì de, wǒ yě zhǐ qùguo yí cì, gǎnjué tèbié hǎo. Lí Shíchàhǎi hěn jìn.
응. 나도 한 번 가 봤어. 진짜 좋아. 스차하이에서도 가까워.

是"胡同儿"对吧?
Shì "hútòngr" duì ba?
'후퉁(골목)' 맞지?

是的。南锣鼓巷是北京最古老的街区之一。
Shì de. Nánlóugǔxiàng shì Běijīng zuì gǔlǎo de jiēqū zhī yī.
맞아. 난뤄샹궈는 베이징에서 가장 오래된 골목 중 하나야.

听了你的话更想去了。
Tīng le nǐ de huà gèng xiǎng qù le.
네 말을 들으니까 더 가고 싶다.

还有，好吃的东西也特别多，可以说是北京❻必游之地。
Háiyǒu, hǎochī de dōngxi yě tèbié duō, kěyǐ shuō shì Běijīng bì yóu zhī dì.
그리고 맛있는 것도 많아서 베이징 여행 필수 코스라고 할 수 있지.

好的，好的，我一定要去！
Hǎo de, hǎo de, wǒ yídìng yào qù!
알았어. 알았어. 나 꼭 갈 거야!

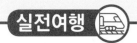

단어 설명 225p

01 경험을 나타내는 过

'过 guo'는 동사 뒤에 쓰여 경험을 나타냅니다.

- **好像来过这儿。**
  Hǎoxiàng láiguo zhèr.

  여기 온 적이 있는 거 같습니다.

- **你去过泰国吗?**
  Nǐ qùguo Tàiguó ma?

  태국에 가 본 적 있나요?

- **我吃过麻辣烫。**
  Wǒ chīguo málàtàng.

  저는 마라탕을 먹어 봤습니다.

- **我已经看过这部电影了。**
  Wǒ yǐjīng kànguo zhè bù diànyǐng le.

  저는 이미 이 영화를 봤습니다.

02 아직 ~하지 않았다 还没......呢

'还没......呢 hái méi......ne'는 '아직 ~하지 않았다'의 뜻을 가지고 있는 표현으로 중간에 동사를 넣어 동작이나 행위가 아직 완료되지 않았음을 강조합니다.

- **还没看过呢。**
  Hái méi kànguo ne.

  아직 본 적 없습니다.

- **还没吃过呢。**
  Hái méi chīguo ne.

  아직 먹어본 적 없습니다.

- **还没穿过呢。**
  Hái méi chuānguo ne.

  아직 입어본 적 없습니다.

- **还没见过呢。**
  Hái méi jiànguo ne.

  아직 만나본 적 없습니다.

03 동량보어

동량보어란 동작의 양을 보충해주는 표현으로 동작의 횟수를 나타내며 시량보어 또는 수량보어라
고 표현되기도 합니다.

- 我已经去过三次了。
  Wǒ yǐjīng qùguo sān cì le.

  저는 이미 세 번 가 봤습니다.

- 他已经说了两遍了。
  Tā yǐjīng shuō le liǎng biàn le.

  그는 이미 두 번 말했습니다.

- 她坐过一次飞机。
  Tā zuòguo yí cì fēijī.

  그녀는 비행기를 한 번 타봤습니다.

- 妈妈来过一次中国。
  Māma láiguo yí cì Zhōngguó.

  엄마는 중국에 한 번 온 적 있습니다.

04 가장 最

'最 zuì'는 '가장, 최고'라는 의미를 가진 부사로 형용사나 심리동사 앞에 쓰일 때는 가장 좋아하거
나 최고임을 나타내는 표현입니다.

- 麻辣烫是我最爱吃的中国菜。
  Málàtàng shì wǒ zuì ài chī de Zhōngguó cài.

  마라탕은 제가 가장 좋아하는 중국 요리입니다.

- 我觉得这是最好看的电影。
  Wǒ juéde zhè shì zuì hǎokàn de diànyǐng.

  제 생각에는 이 영화가 제일 재밌는 거 같습니다.

- 这是我最讨厌的行为。
  Zhè shì wǒ zuì tǎoyàn de xíngwéi.

  이건 제가 가장 싫어하는 행동입니다.

- 他是在我们公司最好的人。
  Tā shì zài wǒmen gōngsī zuì hǎo de rén.

  그는 우리 회사에서 가장 좋은 사람입니다.

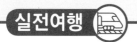

단어 설명 225p

05 확인하는 표현 对吧?

'对吧? duì ba?'는 '맞나요?'라는 의미로 자신의 생각이 맞는지 확인차 상대방에게 물어보는 표현입니다.

- 你是李秀英对吧?
  Nǐ shì Lǐ Xiùyīng duì ba?

당신이 이수영이죠?

- 这是我的对吧?
  Zhè shì wǒ de duì ba?

이건 제 것이 맞죠?

- 这里是天安门对吧?
  Zhèlǐ shì Tiān'ānmén duì ba?

여기가 톈안먼 맞죠?

- 你是中国人对吧?
  Nǐ shì Zhōngguó rén duì ba?

당신은 중국인이죠?

06 반드시 ~할 것이다 一定要

'반드시, 꼭'이라는 뜻을 가지고 있는 부사 '一定 yídìng'과 '~할 것이다'라는 뜻을 가진 동사 '要 yào'를 함께 써서 '반드시 ~할 것이다'라는 표현을 만들 수 있습니다.

- 一定要好好儿学习。
  Yídìng yào hǎohāor xuéxí.

반드시 열심히 공부할 거예요.

- 一定要小心点儿。
  Yídìng yào xiǎoxīn diǎnr.

반드시 조심할 거예요.

- 一定要吃饭。
  Yídìng yào chī fàn.

반드시 밥을 먹을 거예요.

- 到家一定要给我打电话。
  Dào jiā yídìng yào gěi wǒ dǎ diànhuà.

집에 도착하면 꼭 전화해 주세요.

●●● 베이징 필수 여행 코스가 된 '후퉁(胡同)'

언젠가부터 쯔진청(紫禁城), 톈안먼(天安门)과 함께 베이징 여행에 필수 코스로 추천되고 있는 '후퉁(胡同)'. '후퉁'은 어떤 특정 지역이 아닌 '좁은 골목', '뒷골목' 등을 뜻하는 단어인데요, 중국 영화 등에 등장하는 중국을 대표하는 전통 가옥인 사합원(四合院)들의 회색빛 돌담들로 만들어진 골목을 떠올리시면 됩니다. 아직까지 많은 주민들이 거주하고 있는 곳이 관광지로 개발되면서 서민들의 생활과 관광지로서의 다양한 볼거리를 한 번에 느껴볼 수 있는 이색적인 장소가 되었습니다. '후퉁'에 생겨난 레스토랑, 카페들이 SNS를 타고 명소로 퍼지면서 외국인뿐만 아니라 다른 지역 중국인들도 꼭 한 번 가보고 싶은 베이징 명소가 되었는데요, 모든 지역이 현대화되고 있는 지금도 그 전통을 지켜가고 있는 모습이 베이징의 다른 어느 곳보다 중국스러운 느낌을 주기 때문에 베이징 여행자들에게 꼭 추천하고 싶은 곳입니다.

재미있는 여행을 위한 짧은 Tip

난뤄구샹(南锣鼓巷 Nánluógǔxiàng)에는 다양한 보석가게, 옷 가게, 기념품 가게 등이 있어서 천천히 걸으면서 구경하는 것도 좋지만, 옛 거리의 옛사람 느낌을 느낄 수 있게 인력거를 타보시는 것을 추천합니다. 그리고 후퉁(hútòng) 방문 시 한 가지 주의해야 할 점이 있는데요, 후퉁(hútòng)에는 실제로 주민들이 거주하고 있기 때문에 그들에게 피해가 가지 않도록 주의해서 잘 이용하셔야 합니다.

01 음성을 반복적으로 들으며 성조를 표시하고 한국어 뜻도 함께 써 보세요.

🎧 C17_05

예시

∨ ー
老师
선생님

□□□□
① 南锣鼓巷
_____

□□□
② 什刹海
_____

□□
③ 古老
_____

□□□□
④ 街区之一
_____

□□□
⑤ 胡同儿
_____

□□
⑥ 一定
_____

02 다음 문장에 대한 병음과 한국어 뜻을 함께 써 보세요.

① 我也只去过一次，感觉特别好。

(병음)

(한국어)

② 南锣鼓巷是北京最古老的街区之一。

(병음)

(한국어)

③ 可以说是北京必游之地。

(병음)

(한국어)

03 다음 보기의 단어를 넣어 문장을 완성해 보세요.

> 보기 一定 对吧 最 一次 还没 过

① 好像来(   )这儿。
② 我觉得这是(   )好看的电影。
③ (   )要小心点儿。
④ 妈妈来过(   )中国。
⑤ (   )穿过呢。
⑥ 这是我的(   )?

04 다음 단어를 조합하여 문장을 완성해 보세요.

① 麻辣烫 / 吃 / 我 / 过

_____

② 已经 / 我 / 去 / 三次 / 过 / 了

_____

③ 学习 / 一定 / 好好儿 / 要

_____

01 　**1** Nánluógǔxiàng 명 난뤄구샹　　**2** Shíchàhǎi 명 스차하이　　**3** gǔlǎo 형 오래되다

　　　　4 jiēqū zhī yī 지역 중 하나　　**5** hútòngr 명 골목　　**6** yídìng 부 반드시, 꼭

02 　**1** Wǒ yě zhǐ qùguo yí cì, gǎnjué tèbié hǎo. 나도 한 번 가 봤어, 진짜 좋아.

　　　　2 Nánlóugǔxiàng shì Běijīng zuì gǔlǎo de jiēqū zhī yī.
　　　　난뤄샹궈는 베이징에서 가장 오래된 골목 중 하나야.

　　　　3 Kěyǐ shuō shì Běijīng bì yóu zhī dì. 베이징 여행 필수 코스라고 할 수 있지.

03 　**1** 过　　**2** 最　　**3** 一定　　**4** 一次　　**5** 还没　　**6** 对吧

04 　**1** 我吃过麻辣烫。　　**2** 我已经去过三次了。　　**3** 一定要好好儿学习。

🚂 설명(공부하기)

❹ 들은 얘기를 전달할 때 사용하는 표현입니다.

❺ '스차하이(什刹海 Shíchàhǎi)'는 베이징 시 중심에 있는 호수입니다.

❻ '비요우즈디(必游之地 bì yóu zhī dì)'는 직역하면 '반드시 여행해야 하는 지역'으로 '여행 필수
코스'라고 해석할 수 있습니다.

南锣鼓巷 Nánluógǔxiàng [고유] 난뤄구샹　　胡同儿 hútòngr [명] 골목　　街区 jiēqū [명] 지역

那里 nàlǐ [대] 그곳, 저곳　　什刹海 Shíchàhǎi [고유] 스차하이　　必游之地 bì yóu zhī dì 여행 필수 코스

泰国 Tàiguó [고유] 태국　　部 bù [양] 편, 부(영화나 서적 등을 세는 단위)　　穿 chuān [동] (옷을) 입다

爱 ài [동] ~하기를 좋아하다　　中国菜 Zhōngguó cài [명] 중국 요리　　讨厌 tǎoyàn [동] 싫어하다

行为 xíngwéi [명] 행위, 행동　　公司 gōngsī [명] 회사

万里长城 Wànlǐ Chángchéng 완리창청　　天安门 Tiān'ānmén 톈안먼

故宫 Gùgōng 구궁　　圆明园 Yuánmíng Yuán 위안밍위안　　孔庙 Kǒngmiào 쿵미아오(공자묘)

大栅栏 Dàzhàlán 따자란　　琉璃厂 Liúlíchǎng 류리창　　西单 Xīdān 시단

北京欧林匹克公园 Běijīng Àolínbǐkè Gōngyuán 베이징아오린비커공위안(베이징올림픽공원)

潘家园 Pānjiā Yuán 판자위안(골동품시장)　　蓝色港湾 Lánsègǎngwān 란써강완(SOLANA)　　龙庆峡 Lóngqìngxiá 룽칭샤

北京欢乐谷游园 Běijīng Huānlègǔ Yóuyuán 베이징환러구요위안(베이징놀이공원)　　香山 Xiāngshān 샹샨

金面王朝 Jīnmiànwángcháo 진몐왕차오(중국 고대설화를 바탕으로 제작된 무용서사극)

中华民族园 Zhōnghuá Mínzú Yuán 중화민쭈위안(중화민족원)　　全聚德 Quánjùdé 취안쥐더(베이징덕 전문점)

朝阳公园 Cháoyáng Gōngyuán 차오양공위안

老舍茶馆 Lǎoshě Cháguǎn 라오셔차관(중국의 저명한 소설가이자 극작가인 노사 선생을 기리기 위한 찻집)

北新桥

Běixīn Qiáo

베이신치아오

南锣鼓巷 → 18 → 国家图书馆

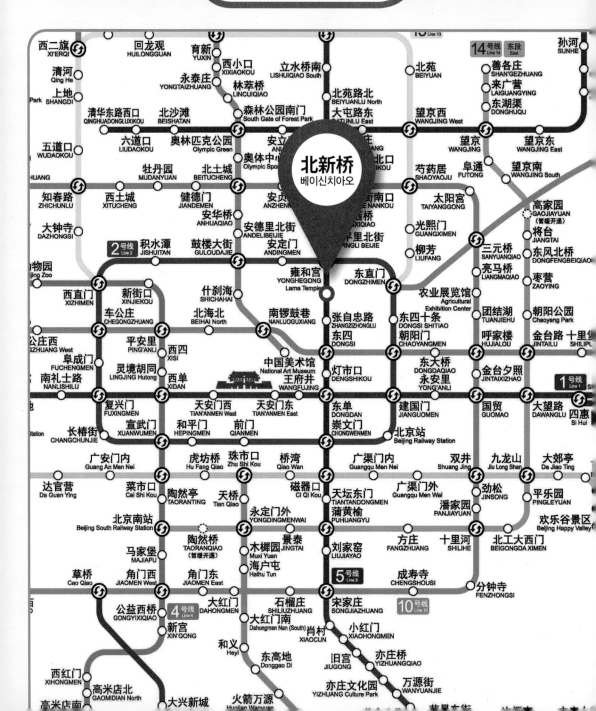

마라룽샤를 마음껏 먹을 수 있는
이번 역은 베이신치아오입니다.

베이신치아오(北新桥 Běixīn Qiáo)역에 내리면 구이지에(簋街 Guǐ Jiē)가 시작됩니다. 일명 '귀신 거리'라고 불리는 구이지에는 마라룽샤(麻辣龙虾 Málàlóngxiā) 거리로 유명한데요, 마라 맛이 나는 민물가재 요리로 우리나라에 치맥이 있다면 중국에는 마라룽샤와 맥주가 있을 정도록 사람들이 즐겨먹는 요리입니다. 이곳에서 마라룽샤 맛집을 검색해서 꼭 한 번 가보세요, 매콤하니 정말 맛있습니다!

오늘은?

중국어로 인터넷 검색을 할 수 있습니다.

🎧 C18_01   이번 역의 포인트 단어입니다.
준비하기

麻辣 málà 형 맵고 얼얼하다

当然 dāngrán 형 당연하다, 물론이다

经常 jīngcháng 부 자주

刷 shuā 동 솔로 닦다

起来 qǐlái 동 동사 뒤에 붙어, 인상(印象)이나 견해를 나타냄

搜索 sōusuǒ 동 검색하다, 서칭하다

家 jiā 양 (집, 가게, 기업 등을 세는 단위) 집, 가정, 가게

火 huǒ 형 인기 있다, 잘 팔리다

显示 xiǎnshì 동 보여주다

有 yǒu 동 어떤

上传 shàngchuán 동 업로드하다

快要......了 kuàiyào......le 곧 ~하다

✓ 본문 대화 내용 중 이 문장만은 꼭 기억해 주세요!

인터넷 검색하기 1 　🎧 C18_02

A : 你喜欢麻辣❶味儿吗?
Nǐ xǐhuan málà wèir ma?

마라 먹는 거 좋아해?

B : 当然，我经常吃❷麻辣烫，很好吃。
Dāngrán, wǒ jīngcháng chī málàtàng, hěn hǎochī.

당연하지. 마라탕 자주 먹어. 진짜 맛있어.

❶ '味儿 wèir'은 '맛, 냄새' 등을 나타낼 때 사용합니다.
❷ '麻辣烫 málàtàng'은 '마라 맛의 탕 요리'를 말합니다.

인터넷 검색하기 2 　🎧 C18_03

A : 你吃过❸麻辣龙虾吗?
Nǐ chīguo málàlóngxiā ma?

마라룽샤 먹어 봤어?

B : 还没有，平时刷❹微信的时候
经常能看见，看起来特别好吃。
Hái méiyǒu, píngshí shuā wēixìn de shíhou
jīngcháng néng kànjiàn, kàn qǐlái tèbié hǎochī.

아직. 평소에 웨이신 할 때 자주 봤어. 맛있어 보이더라.

❸ '麻辣龙虾 málàlóngxiā'은 '마라 맛의 민물가재 요리'를 말합니다.
❹ 우리가 익히 잘 알고 이는 'Wechat'은 중국어로 '微信 wēixìn'이라고 합니다.

秀英 安迪

听说这个❺簋街好吃的饭店特别多。

Tīng shuō zhège Guǐ Jiē hǎochī de fàndiàn tèbié duō.

여기 구이지에에 맛집이 진짜 많다더라고.

你喜欢麻辣味儿吗?

Nǐ xǐhuan málà wèir ma?

마라 먹는 거 좋아해?

当然，我经常吃麻辣烫，很好吃。

Dāngrán, wǒ jīngcháng chī málàtàng, hěn hǎochī.

당연하지, 마라탕 자주 먹어. 진짜 맛있어.

那你吃过麻辣龙虾吗?

Nà nǐ chīguo málàlóngxiā ma?

그럼 마라룽샤 먹어 봤어?

还没有，平时刷微信的时候经常能看见，看起来特别好吃。咱们吃那个吧。

Hái méiyǒu, píngshí shuā wēixìn de shíhou jīngcháng néng kànjiàn, kàn qǐlái tèbié hǎochī. Zánmen chī nàge ba.

아직. 평소에 웨이신 할 때 자주 봤어. 맛있어 보이더라. 우리 그거 먹자.

好，我搜索一下微博。好像现在这家是❻火的，而且离这儿很近，导航显示十分钟就能到。

Hǎo, wǒ sōusuǒ yíxià wēibó. Hǎoxiàng xiànzài zhè jiā shì zuì huǒ de, érqiě lí zhèr hěn jìn, dǎoháng xiǎnshì shí fēnzhōng jiù néng dào.

그래, 내가 웨이보에서 찾아볼게. 지금 이 가게가 가장 인기 있나 봐. 거리도 가까워. 내비게이션이 10분이면 도착한다네.

我也好像听说过，有人在❼朋友圈上传过。

Wǒ yě hǎoxiàng tīng shuōguo, yǒu rén zài péngyouquān shàngchuánguo.

나도 들어본 거 같아. 웨이신 모멘트에 어떤 사람이 올렸어.

晚上人很多，我怕没有座位。

Wǎnshang rén hěn duō, wǒ pà méiyǒu zuòwèi.

저녁에 사람이 많아서 자리가 없을까 봐 걱정이네.

快要六点了，快去看看吧。

Kuàiyào liù diǎn le, kuài qù kànkan ba.

곧 6시야. 빨리 가 보자.

단어 설명 237p

01 맛의 표현

맛을 나타내는 표현에는 달다 甜 tián, 짜다 咸 xián, 맵다 辣 là, 시다 酸 suān, 쓰다 苦 kǔ, 느끼하다 腻 nì 등이 있습니다.

- 辣子鸡又辣又好吃。
  Làzǐjī yòu là yòu hǎochī.

  라쯔지는 맵고 맛있어요.

- 我觉得马卡龙太甜了。
  Wǒ juéde mǎkǎlóng tài tián le.

  제가 느끼기에 마카롱은 너무 달아요.

- 我不喜欢吃咸的。
  Wǒ bù xǐhuan chī xián de.

  저는 짠 거 먹는 걸 안 좋아해요.

- 这个橘子太酸了。
  Zhège júzi tài suān le.

  이 귤은 너무 셔요.

02 빈도부사

빈도부사는 동사 앞에 쓰여 얼마나 자주인지 시간의 빈도를 나타내는 부사입니다.

- 我经常锻炼身体。
  Wǒ jīngcháng duànliàn shēntǐ.

  저는 항상 몸 관리(체력 단련)를 합니다.

- 他经常穿那件衣服。
  Tā jīngcháng chuān nà jiàn yīfu.

  그는 저 옷을 자주 입습니다.

- 夏天的时候常常下雨。
  Xiàtiān de shíhou chángcháng xià yǔ.

  여름에는 자주 비가 옵니다.

- 她上班常常迟到。
  Tā shàngbān chángcháng chídào.

  그녀는 출근할 때 자주 지각을 합니다.

03 결과보어 见

'보(이)다, 눈에 띄다'라는 뜻을 가진 '见 jiàn'이 결과보어로 쓰이면 동작을 통해 감각으로 대상을 감지했음을 나타냅니다. 의지와 상관없이 보이고 들린 것들을 표현합니다.

· 我在路上看见她了。
  Wǒ zài lùshàng kànjiàn tā le.

· 我好像听见有人叫我了。
  Wǒ hǎoxiàng tīngjiàn yǒu rén jiào wǒ le.

· 他回家的时候，碰见了以前的女朋友。
  Tā huí jiā de shíhou, pèngjiàn le yǐqián de nǚpéngyou.

· 刚才我听见了吵架的声音。
  Gāngcái wǒ tīngjiàn le chǎojià de shēngyīn.

저는 길에서 그녀를 봤습니다.

저는 어떤 사람이 저를 부르는 소리를 들은 거 같습니다.

그는 집으로 돌아갈 때 예전 여자친구와 마주쳤습니다.

아까 싸우는 소리를 들었습니다.

04 방향보어 起来

'起来 qǐlái'는 동사 뒤에 붙어, 인상(印象)이나 견해를 나타내거나 동작이나 상황이 시작됨을 나타냅니다. 또한 동작이 위로 향함을 나타내기도 합니다.

· 她站起来了。
  Tā zhàn qǐlái le.

· 突然想起来了。
  Tūrán xiǎng qǐlái le.

· 那只小狗看起来很可爱。
  Nà zhī xiǎo gǒu kàn qǐlái hěn kě'ài.

· 人们都笑起来了。
  Rénmen dōu xiào qǐlái le.

그녀는 일어났습니다.

갑자기 생각이 났습니다.

저 강아지는 참 귀여워 보입니다.

사람들이 모두 웃기 시작했습니다.

➕ '们 men'은 사람을 지칭하는 명사나 대명사의 뒤에 쓰여 복수를 나타냅니다.

05 어떤 有

'~을 가지고 있다'의 뜻을 가진 '有 yǒu'는 불확정한 사람 · 날짜 · 사물 등을 나타내기도 합니다.

· 有人找你。
  Yǒu rén zhǎo nǐ.

어떤 사람이 당신을 찾습니다.

· 有人喜欢看恐怖电影。
  Yǒu rén xǐhuan kàn kǒngbù diànyǐng.

어떤 사람은 공포 영화 보는 걸 좋아합니다.

· 有人想去法国吗?
  Yǒu rén xiǎng qù Fàguó ma?

프랑스에 가고 싶은 사람 있나요?

· 有个地方叫天堂。
  Yǒu ge dìfang jiào tiāntáng.

천국이라고 불리는 곳이 있습니다.

06 곧 ~하려 하다 快要……了

'곧 ~하려 하다, 곧 ~할 것이다'라는 뜻을 가진 '快要……了 kuàiyào……le'는 어떤 상황이 임박했음을 나타냅니다. 이때 '快 kuài'는 생략 가능합니다.

· 快要下雨了。
  Kuàiyào xià yǔ le.

곧 비가 오려고 합니다.

· 快要出发了。
  Kuàiyào chūfā le.

곧 출발하려고 합니다.

· 火车快要开了。
  Huǒchē kuàiyào kāi le.

기차가 곧 떠나려고 합니다.

· 飞机快要起飞了。
  Fēijī kuàiyào qǐfēi le.

비행기가 곧 이륙하려고 합니다.

💬 베이징 대표 음식 카오야(烤鴨)

베이징에 가면 꼭 먹어봐야 할 음식 중 하나가 바로 취안쥐더(全聚德)의 카오야(烤鴨)입니다. 취안쥐더는 베이징에서 가장 유명한 오리구이 전문 식당으로 150년의 전통을 자랑하고 있습니다. 카오야는 화덕에서 구운 오리구이와 함께 오이채, 파채 등을 함께 밀전병 위에 올려 말아 춘장에 찍어 먹는 요리인데요, 바삭바삭한 껍데기와 고소한 기름이 함께 춘장과 어우러져 담백하면서도 고소한 맛을 자아냅니다. 취안쥐더에 가면 요리사가 식탁 앞까지 와서 바삭하게 잘 구어진 껍데기를 손질해 직접 손님 접시에 담아줍니다. 요리사가 직접 손질해 주는 요리라서 더 맛있는 걸까요? 명실상부 베이징의 대표 음식인 카오야, 꼭 먹어보세요! 정말 맛있습니다!

재미있는 여행을 위한 짧은 Tip

중국에서는 카카오톡, 페이스북, 트위터, 인스타그램 등 해외 계정의 SNS 사용을 제한하고 있습니다. 대신 微信 wēixìn(중국의 카카오톡), 微博 wēibó(중국의 트위터), 抖音 dǒuyīn(중국의 유튜브) 등 중국 자체에서 사용하는 SNS가 있으니까요, 중국 현지의 핫한 정보를 얻고 싶다면 중국 SNS에 가입해 보는 것도 좋은 방법일 거라 생각됩니다.

01 음성을 반복적으로 들으며 성조를 표시하고 한국어 뜻도 함께 써 보세요.

🎧 C18_05

예시

v　—
老师
선생님

☐☐☐☐
① 麻辣味儿
_____

☐☐
② 经常
_____

☐☐
③ 平时
_____

☐☐☐
④ 刷微信
_____

☐☐☐
⑤ 看起来
_____

☐☐
⑥ 导航
_____

02 다음 문장에 대한 병음과 한국어 뜻을 함께 써 보세요.

① 我经常吃麻辣烫，很好吃。

(병음)

(한국어)

② 那你吃过麻辣龙虾吗？

(병음)

(한국어)

③ 有人在朋友圈上传过。

(병음)

(한국어)

03 다음 보기의 단어를 넣어 문장을 완성해 보세요.

> 보기 有　快　起来　见　常常　甜

① 刚才我听(　　)了吵架的声音。
② 觉得马卡龙太(　　)了。
③ (　　)人想去法国吗？
④ (　　)要出发了。
⑤ 夏天的时候(　　)下雨。
⑥ 人们都笑(　　)了。

04 다음 단어를 조합하여 문장을 완성해 보세요.

① 太 / 这个 / 了 / 橘子 / 酸

_____

② 想 / 了 / 突然 / 起来

_____

③ 快 / 飞机 / 了 / 要 / 起飞

_____

🚄 정답

01
① málà wèir 마라 맛
② jīngcháng 🖲 자주
③ píngshí 🖲 평소, 보통 때
④ shuā wēibó 웨이보를 하다
⑤ kàn qǐlái 보기에, 보아하니
⑥ dǎoháng 🖲 내비게이션

02
① Wǒ jīngcháng chī málàtàng, hěn hǎochī. 마라탕 자주 먹어, 진짜 맛있어.
② Nà nǐ chīguo málàlóngxiā ma? 그럼 마라롱샤 먹어 봤어?
③ Yǒu rén zài péngyouquān shàngchuánguo. 웨이신 모멘트에 어떤 사람이 올렸어.

03
① 见   ② 甜   ③ 有   ④ 快   ⑤ 常常   ⑥ 起来

04
① 这个橘子太酸了.   ② 突然想起来了.   ③ 飞机快要起飞了.

🚄 설명(공부하기)

❺ '簋街 Guǐ Jiē'는 일명 '귀신 거리'라고 불리는 거리로 '마라롱샤' 맛집들이 몰려있는 거리입니다. 별명이 '귀신 거리'이기 때문에 '鬼街 Guǐ Jiē'라고 불리기도 합니다.

❻ '火 huǒ'는 원래 '불'이라는 뜻인데요, 중국에선 인기 있는, 잘 나가는 맛집, 가게 등을 표현할 때 사용하기도 합니다.

❼ '웨이신 모멘트'를 '朋友圈 péngyǒuquān'이라고 하는데요, 이곳에서는 친구로 등록한 사람들의 일상을 볼 수 있습니다.

味儿 wèir	명 맛, 냄새	平时 píngshí	명 평소, 보통 때	微信 wēixìn	명 웨이신, 위챗(Wechat)
簋街 Guǐ Jiē	명 구이지에	饭店 fàndiàn	명 식당	微博 wēibó	명 웨이보
导航 dǎoháng	명 내비게이션	朋友圈 péngyǒuquān	명 웨이신 모멘트	座位 zuòwèi	명 자리

辣子鸡 làzǐjī	명 라쯔지	马卡龙 mǎkǎlóng	명 마카롱	咸 xián	형 짜다
橘子 júzi	명 귤	酸 suān	형 시다	锻炼 duànliàn	동 단련하다
身体 shēntǐ	명 몸, 신체	夏天 xiàtiān	명 여름	常常 chángcháng	부 자주, 항상
上班 shàngbān	동 출근하다	路上 lùshang	명 도중, 길 위	碰 pèng	동 (우연히) 마주치다
以前 yǐqián	명 이전	刚才 gāngcái	명 막, 방금	吵架 chǎojià	동 말다툼하다
声音 shēngyīn	명 소리	站 zhàn	동 서다, 일어서다	想 xiǎng	동 생각하다
笑 xiào	동 웃다	恐怖电影 kǒngbù diànyǐng	명 공포 영화	法国 Fàguó	고유 프랑스
天堂 tiāntáng	명 천국, 낙원	开 kāi	동 분리되거나 떠나감을 나타냄	起飞 qǐfēi	동 이륙하다

博客 bókè	명 블로그, 블로거	脸书 liǎnshū	명 페이스북	推特 tuītè	명 트위터
照片墙 zhàopiànqiáng	명 인스타그램	优兔 yōutù	명 유튜브	抖音 dǒuyīn	명 틱톡
帐号 zhànghào	명 계정	关注 guānzhù	명 팔로우, 구독	粉丝 fěnsī	명 팔로워
互粉 hùfěn	명 맞팔(로우)	标签 biāoqiān	명 해시태그	分享 fēnxiǎng	명동 공유(하다)
转发 zhuǎnfā	명 리트윗	赞 zàn	명 좋아요	回复 huífù	명 답글
恶意留言 èyì liúyán	명 악플	支付宝 zhīfùbǎo	명 알리페이	二维码 èrwéimǎ	명 QR코드
点 diǎn	동 클릭하다	加 jiā	동 추가하다	扫描 sǎomiáo	동 스캔하다

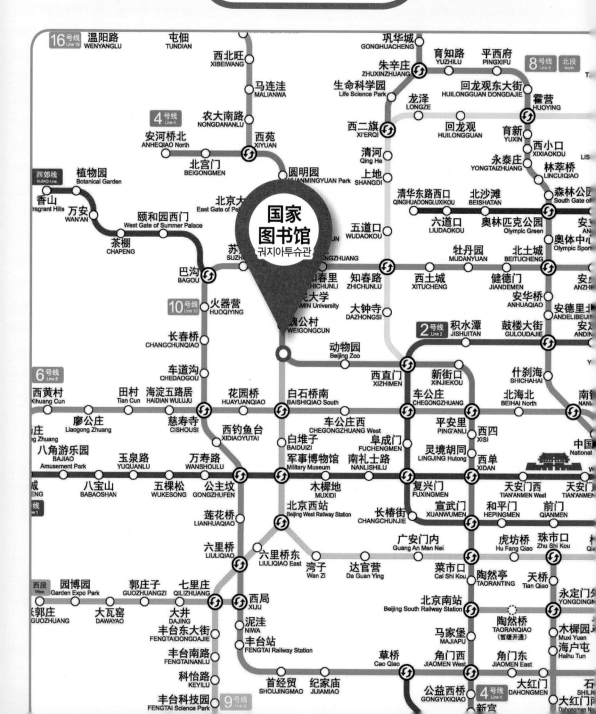

国家图书馆
Guójiā Túshūguǎn
궈지아투수관

北新桥 → ⑲ → 3号航站楼

비 오 는 날 책 냄 새 를 맡 을 수 있 는

이번 역은 궈지아투슈관입니다.

궈지아투슈관(国家图书馆 Guójiā Túshūguǎn, 국가도서관)은 현재 중국의 최대 · 최고의 도서관으로 중국 근현대 100년의 축소판이라고 할 수 있을 정도로 그 규모가 엄청납니다. 지상 19층, 지하 3층의 규모로 2천만 권의 도서를 소장하고 있는 넓고 웅장한 이 도서관에서 비 오는 날 책 냄새를 맡아보는 기분은 어떨까요?

오늘은?

날씨에 대해 말할 수 있습니다.

🎧 C19_01   이번 역의 포인트 단어입니다.

준비하기

所以 suǒyǐ 접 그래서

估计 gūjì 동 예측하다

比 bǐ 개 ~보다

完全 wánquán 부 완전히

同意 tóngyì 동 동의하다

高端 gāoduān 형 고급의

大气 dàqì 형 웅장하다

反正 fǎnzhèng 부 어쨌든, 아무튼

会 huì 조동 ~할 것이다, ~할 가능성이 있다

后悔 hòuhuǐ 명동 후회(하다)

选择 xuǎnzé 명동 선택(하다)

✓ 본문 대화 내용 중 이 문장만은 꼭 기억해 주세요!

날씨 말하기 1 🎧 C19_02

A : 天气预报说，今天❶有可能要下雨。
Tiānqì yùbào shuō, jīntiān yǒu kěnéng yào xià yǔ.

일기예보에서 오늘 비 올 수도 있다고 하더라고.

B : 所以估计今天比昨天冷得多。
Suǒyǐ gūjì jīntiān bǐ zuótiān lěng de duō.

그래서 오늘은 어제보다 훨씬 추울 것 같아.

❶ '~이 있다'의 뜻을 가진 '有 yǒu'와 가능성을 나타내는 '可能 kěnéng'이 함께 쓰여 '가능성이 있다'라는 표현이 완성됩니다.

날씨 말하기 2 🎧 C19_03

A : 要下雨的话，室内比室外好，是不是？
Yào xià yǔ de huà, shìnèi bǐ shìwài hǎo, shì bu shì?

비 오면 실내가 실외보다 좋겠지?

B : 完全同意。
Wánquán tóngyì.

완전 같은 생각이야.

天气预报说，今天有可能要下雨。
Tiānqì yùbào shuō, jīntiān yǒu kěnéng yào xià yǔ.

일기예보에서 오늘 비 올 수도 있다고 하더라고.

所以估计今天比昨天冷得多。
Suǒyǐ gūjì jīntiān bǐ zuótiān lěng de duō.

그래서 오늘은 어제보다 훨씬 추울 것 같아.

有可能。
Yǒu kěnéng.

그럴 거야.

那我们去哪儿好呢？
Nà wǒmen qù nǎr hǎo ne?

그럼 우리 어디 가면 좋을까?

要下雨的话，室内比室外好，是不是？
Yào xià yǔ de huà, shìnèi bǐ shìwài hǎo, shì bu shì?

비 오면 실내가 실외보다 좋겠지?

完全同意，所以❷呢？
Wánquán tóngyì, suǒyǐ ne?

완전 같은 생각이야. 그래서?

咱们去国家图书馆怎么样？
Zánmen qù Guójiā Túshūguǎn zěnmeyàng?

우리 궈지아투슈관(국가도서관)에 가는 거 어때?

里面高端、大气，拍拍照、看看书多好！
Lǐmiàn gāoduān, dàqì, pāi pāizhào, kànkan shū duō hǎo!

고급스럽고, 웅장하고, 사진도 좀 찍고, 책도 좀 보고 얼마나 좋아!

是吗？人多吗？
Shì ma? Rén duō ma?

그래? 사람 많아?

有的学习，有的拍照，反正挺多的。
Yǒude xuéxí, yǒude pāizhào, fǎnzhèng tǐng duō de.

공부하는 사람도 있고, 사진 찍는 사람도 있고, 어쨌든 많아.

肯定是个❸不会后悔的选择！
Kěndìng shì ge bú huì hòuhuǐ de xuǎnzé!

틀림없이 후회하지 않을 선택일 거야!

01 그러니까, 그래서 所以

'所 suǒyǐ'는 '그러니까, 그래서' 등의 뜻을 가진 표현으로 이유, 원인, 까닭 등을 나타냅니다.

- 我不是中国人，所以我全听不懂。
  Wǒ búshì Zhōngguó rén, suǒyǐ wǒ quán tīng bu dǒng.

  저는 중국인이 아니라서 전혀 이해하지 못 해요.

- 路上堵车，所以迟到了。
  Lùshàng dǔchē, suǒyǐ chídào le.

  차가 너무 막혀서 지각했어요.

- 他很忙，所以我帮他买东西了。
  Tā hěn máng, suǒyǐ wǒ bāng tā mǎi dōngxi le.

  그가 바빠서 그를 도와 물건을 샀어요.

- 外边下雨，所以她不去了。
  Wàibian xià yǔ, suǒyǐ tā bú qù le.

  밖에 비가 와서 그녀는 가지 않았어요.

02 비교 표현 比

'比 bǐ'는 '~보다, ~에 비하여'라는 뜻을 가진 개사로 'A 比 bǐ B' 형식으로 쓰여 'A는 B보다 ~하다'라고 비교하여 해석할 수 있습니다.

- 她个子比我高。
  Tā gèzi bǐ wǒ gāo.

  그녀는 나보다 키가 큽니다.

- 今天比昨天好多了。
  Jīntiān bǐ zuótiān hǎo duō le.

  오늘은 어제보다 많이 좋아졌습니다.

- 北京比首尔还冷。
  Běijīng bǐ Shǒu'ěr hái lěng.

  베이징은 서울보다 더 춥습니다.

- 牛肉比羊肉好吃。
  Niúròu bǐ yángròu hǎochī.

  소고기는 양고기보다 맛있습니다.

03 정반의문문 是不是

'~이다' '是 shì'와 '~가 아니다' '不是 búshì'가 함께 쓰여 정반의문문을 만들면 어떤 상황을 예측하고 자신의 생각을 확인차 물어볼 때 사용하는 표현이 됩니다. '是不是 shì bu shì'는 술어 자리 또는 문장 제일 처음이나 끝에 쓸 수 있습니다.

- 这是不是你的?
  Zhè shì bu shì nǐ de?

이거 당신 거죠?

- 你是从韩国来的，是不是?
  Nǐ shì cóng Hánguó lái de, shì bu shì?

당신은 한국에서 왔죠?

- 是不是我看错了?
  Shì bu shì wǒ kàncuò le?

제가 잘못 본 건가요?

- 你要买外衣，是不是?
  Nǐ yào mǎi wàiyī, shì bu shì?

당신은 외투를 사려는 거죠?

04 어떤 것(사람) 有的

'有的 yǒude'는 '어떤 것' 또는 '어떤 사람'을 나타내는 명사로 단독으로 쓸 수도 있고 두세 개 연이어 쓸 수도 있습니다.

- 有的学习汉语，有的学习英语。
  Yǒude xuéxí Hànyǔ, yǒude xuéxí Yīngyǔ.

어떤 사람은 중국어를 배우고 어떤 사람은 영어를 배웁니다.

- 有的睡觉，有的看电视。
  Yǒude shuìjiào, yǒude kàn diànshì.

어떤 사람은 잠을 자고 어떤 사람은 TV를 봅니다.

- 有的打篮球，有的打棒球。
  Yǒude dǎ lánqiú, yǒude dǎ bàngqiú.

어떤 사람은 농구를 하고 어떤 사람은 야구를 합니다.

- 有的吃辣的，有的吃甜的。
  Yǒude chī là de, yǒude chī tián de.

어떤 사람은 매운 걸 먹고 어떤 사람은 단 걸 먹습니다.

05 어쨌든 反正

'反正 fǎnzhèng'은 '어쨌든, 아무튼'의 뜻을 가진 부사로 어떤 상황에도 결과는 같음을 나타냅니다.

· 你说什么，反正我都听不懂。
 Nǐ shuō shénme, fǎnzhèng wǒ dōu tīng bu dǒng.

당신이 어떤 말을 하든 나는 모두 알아듣지 못합니다.

· 他去不去，反正我得去。
 Tā qù bu qù, fǎnzhèng wǒ děi qù.

그가 가든 안 가든 나는 가야 합니다.

· 你们吃不吃，反正我不想吃。
 Nǐmen chī bu chī, fǎnzhèng wǒ bù xiǎng chī.

당신들이 먹든 안 먹든 저는 먹고 싶지 않습니다.

· 你记不记得，反正她都忘了。
 Nǐ jì bu jìde, fǎnzhèng tā dōu wàng le.

당신이 기억 하든 안 하든 그녀는 모두 잊었습니다.

06 아주 ~하다 挺......的

'挺......的 tǐng......de'는 '매우 ~하다, 아주 ~하다'라는 뜻을 가진 표현으로 주로 구어체에서 사용하며 중간에 형용사나 동사를 넣어 정도를 강조합니다.

- 挺好的
  tǐng hǎo de   아주 좋다

- 挺多的
  tǐng duō de   꽤 많다

- 挺难的
  tǐng nán de   정말 어렵다

- 挺不错的
  tǐng búcuò de   대단히 멋지다

- 挺好看的
  tǐng hǎokàn de   제법 예쁘다

- 挺麻烦的
  tǐng máfan de   아주 번거롭다

재미있는 여행을 위한 짧은 Tip

베이징은 봄, 여름, 가을, 겨울 사계절이 분명한 도시로 봄과 가을은 비교적 짧고 여름과 겨울이 긴 편입니다. 여름은 무덥고 겨울은 추위가 심하기 때문에 베이징 여행의 최적기는 가을이라고 할 수 있습니다. 베이징 날씨는 전체적으로 좀 많이 건조한 편이니까요, 여행하실 때 참고하시기 바랍니다!

01 음성을 반복적으로 들으며 성조를 표시하고 한국어 뜻도 함께 써 보세요.

🎧 C19_05

예시

ˇ —
老师
선생님

① 估计

② 下雨

③ 同意

④ 国家图书馆

⑤ 高端

⑥ 选择

02 다음 문장에 대한 병음과 한국어 뜻을 함께 써 보세요.

① 估计今天比昨天冷得多。
(병음)
(한국어)

② 要下雨的话，室内比室外好，是不是？
(병음)
(한국어)

③ 有的学习，有的拍照，反正挺多的。
(병음)
(한국어)

03 다음 보기의 단어를 넣어 문장을 완성해 보세요.

> 보기 挺 反正 有的 是不是 比 所以

① 今天(　　)昨天好多了。
② (　　)打篮球，有的打棒球。
③ 你们吃不吃，(　　)我不想吃。
④ (　　)麻烦的
⑤ 路上堵车，(　　)迟到了。
⑥ (　　)我看错了？

04 다음 단어를 조합하여 문장을 완성해 보세요.

① 外边 / 了 / 所以 / 她 / 下雨 / 不去

_____

② 记得 / 你 / 记 / 反正 / 不 / 她 / 忘了 / 都

_____

③ 的 / 是不是 / 这 / 你

_____

정답

01 **1** gūjì 동 예측하다　　　**2** xià yǔ 동 비가 내리다　　　**3** tóngyì 동 동의하다

　　　 4 Guójiā Túshūguǎn 명 궈자투슈관(국가도서관)　　　**5** gāoduān 형 고급의

　　　 6 xuǎnzé 명동 선택(하다)

02 **1** Gūjì jīntiān bǐ zuótiān lěng de duō. 오늘이 어제보다 더 춥겠다.

　　　 2 Yào xià yǔ de huà, shìnèi bǐ shìwài hǎo, shì bu shì? 비 오면 실내가 실외보다 좋겠지?

　　　 3 Yǒude xuéxí, yǒude pāizhào, fǎnzhèng tǐng duō de.
　　　　공부하는 사람도 있고, 사진 찍는 사람도 있고, 어쨌든 많아.

03 **1** 比　　**2** 有的　　**3** 反正　　**4** 挺　　**5** 所以　　**6** 是不是

04 **1** 外边下雨，所以她不去了。　　**2** 你记不记得，反正她都忘了。

　　　 3 这是不是你的？

🚆 설명(공부하기)

❷ 여기서 '呢 ne'는 뉘앙스를 부드럽게 해주는 역할을 합니다.

❸ '会 huì'는 '가능성'을 나타낼 수도 있는데, '~할 것이다, ~할 가능성이 있다'의 의미를 가지고 있기 때문에 '不会 bú huì'는 '~할 가능성이 없음'을 나타냅니다.

공부하기

天气预报 tiānqì yùbào 명 일기예보

室内 shìnèi 명 실내

室外 shìwài 명 실외

国家图书馆 Guójiā Túshūguǎn 명 궈지아투슈관 (국가도서관)

里面 lǐmiàn 명 안, 안쪽

실전여행

堵车 dǔchē 명 교통체증

外边 wàibian 명 밖, 바깥(쪽)

牛肉 niúròu 명 소고기

羊肉 yángròu 명 양고기

外衣 wàiyī 명 외투, 겉옷

篮球 lánqiú 명 농구

棒球 bàngqiú 명 야구

记 jì 동 기억하다

忘 wàng 동 잊다, 망각하다

难 nán 형 어렵다

추가표현

晴 qíng 형 맑다

阴 yīn 형 흐리다

多云 duōyún 형 구름이 많다

小雨 xiǎo yǔ 명 24시간 내 강우량 10mm 이하인 비

中雨 zhōng yǔ 명 24시간 내 강우량 10~25mm인 비

大雨 dà yǔ 명 큰 비, 호우

雷阵雨 léizhèn yǔ 명 천둥번개를 동반한 소나기

暴雨 bào yǔ 명 폭우

下雪 xià xuě 동 눈이 내리다

冰雹 bīngbáo 명 우박

雾 wù 명 안개

微风 wéifēng 명 미풍

大风 dàfēng 명 큰 바람

沙尘暴 shāchénbào 명 황사

雨夹雪 yǔ jiā xuě 명 진눈깨비

白天 báitiān 명 낮, 대낮

夜晚 yèwǎn 명 밤, 야간

夜间 yèjiān 명 밤, 야간

气温 qìwēn 명 기온

高温 gāowēn 명 고온

低温 dīwēn 명 저온

湿度 shīdù 명 습도

度 dù 양 도(온도의 단위)

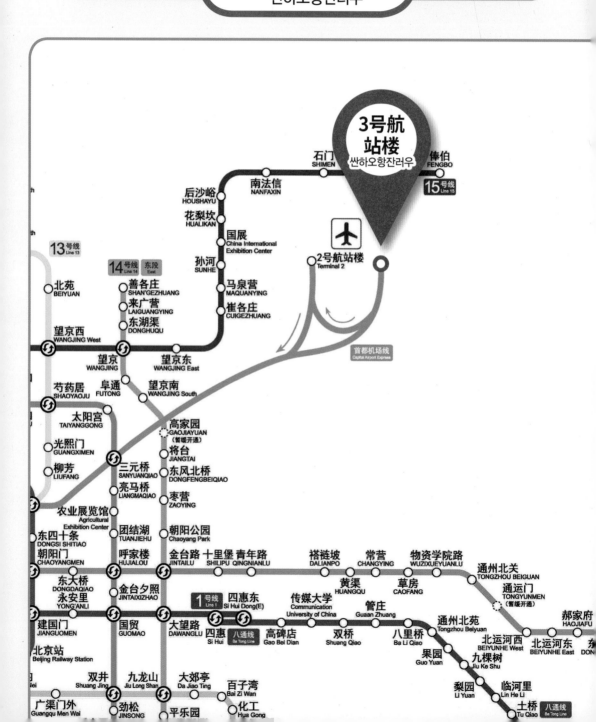

3号航
站楼
싼하오항잔러우

石门
SHIMEN

俸伯
FENGBO

南法信
NANFAXIN

15号线
Line 15

后沙峪
HOUSHAYU

花梨坎
HUALIKAN

国展
China International
Exhibition Center

✈

2号航站楼
Terminal 2

孙河
SUNHE

13号线
Line 13

马泉营
MAQUANYING

北苑
BEIYUAN

14号线 东段
Line 14 East

善各庄
SHAN'GEZHUANG

来广营
LAIGUANGYING

崔各庄
CUIGEZHUANG

东湖渠
DONGHUQU

望京西
WANGJING West

望京
WANGJING

望京东
WANGJING East

首都机场线
Capital Airport Express

芍药居
SHAOYAOJU

阜通
FUTONG

望京南
WANGJING South

太阳宫
TAIYANGGONG

高家园
GAOJIAYUAN
(暂缓开通)

光熙门
GUANGXIMEN

将台
JIANGTAI

柳芳
LIUFANG

三元桥
SANYUANQIAO

东风北桥
DONGFENGBEIQIAO

亮马桥
LIANGMAQIAO

枣营
ZAOYING

农业展览馆
Agricultural
Exhibition Center

东四十条
DONGSI SHITIAO

团结湖
TUANJIEHU

朝阳公园
Chaoyang Park

朝阳门
CHAOYANGMEN

呼家楼
HUJIALOU

金台路 十里堡 青年路
JINTAILU SHILIPU QINGNIANLU

褡裢坡
DALIANPO

常营
CHANGYING

物资学院路
WUZIXUEYUANLU

通州北关
TONGZHOU BEIGUAN

东大桥
DONGDAQIAO

金台夕照
JINTAIXIZHAO

黄渠
HUANGQU

草房
CAOFANG

通运门
TONGYUNMEN
(暂缓开通)

永安里
YONG'ANLI

1号线
Line 1

四惠东
Si Hui Dong(E)

传媒大学
Communication
University of China

管庄
Guan Zhuang

郝家府
HAOJIAFU

建国门
JIANGUOMEN

国贸
GUOMAO

大望路
DAWANGLU

四惠
Si Hui

八通线
Ba Tong Line

高碑店
Gao Bei Dian

双桥
Shuang Qiao

八里桥
Ba Li Qiao

通州北苑
Tongzhou Beiyuan

北运河西
BEIYUNHE West

北运河东
BEIYUNHE East

北京站
Beijing Railway Station

果园
Guo Yuan

九棵树
Jiu Ke Shu

双井
Shuang Jing

九龙山
Jiu Long Shan

大郊亭
Da Jiao Ting

百子湾
Bai Zi Wan

化工
Hua Gong

梨园
Li Yuan

临河里
Lin He Li

广渠门外
Guangqu Men Wai

劲松
JINSONG

平乐园
Ping Le Yuan

土桥
Tu Qiao

八通线
Ba Tong Line

한국으로 돌아갈 수 있는

이번 역은 싼하오항잔러우입니다.

한참을 신나게 여행을 한 후 한국으로 돌아가고 싶을 때 여행도 되돌아볼 겸 지하철을 타고 공항으로 가보는 건 어떨까요? 베이징에도 한국의 공항철도와 같은 지창시엔(机场线 Jīchǎng Xiàn) 즉, 공항으로 가는 직행 지하철 노선이 있습니다. 이 지창시엔은 제2터미널과 제3터미널 두 곳으로 나뉘어 있는데요, 두 터미널 간의 거리가 꽤 있어서 공항으로 가기 전 티켓을 꼭 확인하고 이용하셔야 합니다.

오늘은?

공항에서 출국 수속을 할 수 있습니다.

C20_01 이번 역의 포인트 단어입니다.

준비하기

办 bàn 동 처리하다
出示 chūshì 동 제시하다
托运 tuōyùn 동 운송을 위탁하다
随身 suí shēn 형 몸에 지니다
着 zhe 조 ~한 채로 있다(지속을 나타냄)
确认 quèrèn 명동 확인(하다)
登机 dēngjī 동 (비행기에) 탑승하다
麻烦 máfan 동 귀찮게 하다, 성가시게 굴다
得 děi 조동 ~해야 한다
打包 dǎbāo 동 포장하다

✓ 본문 대화 내용 중 이 문장만은 꼭 기억해 주세요!

공항 이용하기 1 🎧 C20_02

A : 我要办❶值机手续。
Wǒ yào bàn zhí jī shǒuxù.

탑승 수속하려고요.

B : 请出示一下护照。
Qǐng chūshì yíxià hùzhào.

여권 보여주세요.

❶ 공항에서의 '체크인'은 '值机 zhí jī'라고 합니다.

공항 이용하기 2 🎧 C20_03

A : 您有行李要托运吗?
Nín yǒu xíngli yào tuōyùn ma?

부칠 짐 있으세요?

B : 这个要托运。
Zhège yào tuōyùn.

이거 부치려고요.

秀英　　机场工作人员

秀英: 我要办值机手续。
Wǒ yào bàn zhí jī shǒuxù.
탑승 수속하려고요.

机场工作人员: 请出示一下护照。
Qǐng chūshì yíxià hùzhào.
여권 보여주세요.

秀英: 好的，在这儿。
Hǎo de, zài zhèr.
여기 있습니다.

机场工作人员: 您有行李要托运吗?
Nín yǒu xíngli yào tuōyùn ma?
부칠 짐 있으세요?

秀英: 这个要托运。
Zhège yào tuōyùn.
이거 부치려고요.

机场工作人员: 这里有没有❷充电宝、电池什么的?
Zhèli yǒu méiyǒu chōngdiànbǎo, diànchí shénme de?
이 안에 보조배터리나 건전지 같은 거 있나요?

秀英: 没有，锂电池产品都随身带着呢。
Méiyǒu, lǐdiànchíchǎnpǐn dōu suíshēn dàizhe ne.
없어요. 충전 제품은 다 가지고 있습니다.

机场工作人员: 请您确认一下登记时间和登机口。
Qǐng nín quèrèn yíxià dēngjī shíjiān hé dēngjīkǒu.
탑승 시간과 탑승구를 확인해 주세요.

机场工作人员: 登机时间是十点半，在二十三号登机口登机。请先拿好护照。
Dēngjī shíjiān shì shí diǎn bàn, zài èrshísān hào dēngjīkǒu dēngjī. Qǐng xiān náhǎo hùzhào.
탑승 시간은 10시 반이고, 23호 탑승구에서 탑승하시면 됩니다. 여권부터 챙기세요.

秀英: 麻烦你，我想问一下，这个❸得托运吗?
Máfan nǐ, wǒ xiǎng wèn yíxià, zhège děi tuōyùn ma?
죄송한데, 뭐 하나만 여쭤볼게요. 이거 부쳐야 하나요?

机场工作人员: 这是什么?
Zhè shì shénme?
이게 뭔데요?

秀英: 酒。
Jiǔ.
술이요.

机场工作人员: 酒是得托运的。去❹打包一下，再办理托运吧。
Jiǔ shì děi tuōyùn de. Qù dǎbāo yíxià, zài bànlǐ tuōyùn ba.
술은 부쳐야 합니다. 포장하고 다시 부치세요.

秀英: 好的，谢谢。
Hǎo de, xièxie.
알겠습니다. 감사합니다.

🎧 C20_04

단어 설명 261p

01 처리하다 办

'办 bàn'은 '(일을) 하다, 처리하다'라는 뜻을 가진 동사로 어떤 형식을 갖춘 일을 처리할 때 주로 사용하는 표현입니다.

- 我想办会员卡。
  Wǒ xiǎng bàn huìyuánkǎ.

  회원카드를 만들고 싶습니다.

- 我要办签证。
  Wǒ yào bàn qiānzhèng.

  비자를 만들고 싶습니다.

- 他要去办公室办事。
  Tā yào qù bàngōngshì bàn shì.

  그는 사무실에 가서 일을 처리하려고 합니다.

- 一般办婚宴需要多少钱?
  Yìbān bàn hūnyàn xūyào duōshao qián?

  보통 결혼 피로연은 얼마인가요?

02 등등 什么的

'什么的 shénme de'는 '등등, ~같은 것, 기타'의 뜻을 가지고 있는 표현으로 비슷한 것들을 나열할 때 사용합니다.

- 他喜欢看足球什么的。
  Tā xǐhuan kàn zúqiú shénme de.

  그는 축구 등을 보는 것을 좋아합니다.

- 这家有苹果、橘子、西瓜什么的。
  Zhè jiā yǒu píngguǒ, júzi, xīguā shénme de.

  이 집은 사과, 귤, 수박 같은 것들이 있습니다.

- 我想吃羊肉串、火锅什么的。
  Wǒ xiǎng chī yángròuchuàn, huǒguō shénme de.

  저는 양꼬치, 훠고 등이 먹고 싶습니다.

- 她刚买了衬衣、T恤什么的。
  Tā gāng mǎi le chènyī,T xù shénme de.

  그녀는 최근 블라우스, 티셔츠 등을 샀습니다.

03 지속을 나타내는 着

'着 zhe'는 동사 뒤에 쓰여 상황이나 상태가 지속되고 있음을 나타냅니다. '~해 있다, ~한 채로 있다, ~하고 있다' 등으로 해석할 수 있습니다.

- 我等着她呢。
  Wǒ děngzhe tā ne.

  나는 그녀를 기다리고 있습니다.

- 他低头看着书。
  Tā dītóu kànzhe shū.

  그는 고개를 숙이고 책을 보고 있습니다.

- 门开着呢。
  Mén kāizhe ne.

  문은 열려 있습니다.

- 爸爸拿着手机。
  Bàba názhe shǒujī.

  아빠는 휴대전화를 들고 계십니다.

04 결과보어 好

'좋다'의 뜻을 가진 '好 hǎo'가 결과보어로 쓰이면 동작이 완성되었거나 잘 마무리되었음을 나타냅니다.

- 饭做好了。
  Fàn zuòhǎo le.

  밥이 다 됐습니다.

- 睡好了吗?
  Shuìhǎo le ma?

  잘 잤어요?

- 都准备好了吗?
  Dōu zhǔnbèihǎo le ma?

  다 준비됐어요?

- 旅行计划安排好了。
  Lǚxíng jìhuà ānpáihǎo le.

  여행 계획을 잘 세웠습니다.

단어 설명 261p

05 번거롭다 麻烦

'麻烦 máfan'은 '번거롭다, 귀찮다' 또는 '번거롭게 하다, 폐를 끼치다'라는 뜻을 가지고 있는 표현으로 상대에게 무언가를 부탁할 때 자주 쓰는 표현입니다.

- 麻烦你帮我一下好吗?
  Máfan nǐ bāng wǒ yíxià hǎo ma?

  죄송하지만 저 좀 도와주시겠어요?

- 不好意思给你添麻烦了。
  Bù hǎo yìsi gěi nǐ tiān máfan le.

  번거롭게 해드려 죄송해요.

- 这件事真麻烦。
  Zhè jiàn shì zhēn máfan.

  이 일은 정말 번거로워요.

- 如果堵车的话就麻烦了。
  Rúguǒ dǔchē de huà jiù máfan le.

  만약 차가 막히면 일이 번거로워져요.

06 (마땅히) ~해야 한다 得

'得 děi'가 조동사로 쓰이면 '(마땅히) ~해야 한다'라는 뜻을 나타내게 되며 'de'가 아닌 'děi'로 발음합니다.

- 你得努力学习。
  Nǐ děi nǔlì xuéxí.

  당신은 열심히 공부해야 합니다.

- 我得去五道口站。
  Wǒ děi qù Wǔdàokǒu zhàn.

  저 우다오커우역에 가야 합니다.

- 时间不早了，我们得回家了。
  Shíjiān bù zǎo le, wǒmen děi huí jiā le.

  시간이 늦어서 저희는 집으로 돌아가야 합니다.

- 从星期一到星期五得上班。
  Cóng Xīngqīyī dào Xīngqīwǔ děi shàngbān.

  월요일부터 금요일까지 출근해야 합니다.

★★ 제 2의 베이징 공항 따싱궈지지창(大兴国际机场)

2019년 9월 베이징에 또 하나의 공항이 정식 개통되었습니다. 따싱지창(大兴机场)은 서우두지창(首都机场)의 뒤를 이은 베이징 두 번째 공항으로 세계 최대 규모를 자랑합니다. 항공상에서 본 따싱지창의 모습은 마치 거대한 봉황이 날개를 펼친듯한 모습을 하고 있는데요, 이라크 출신의 세계적인 건축가 자하 하디드(Zaha Hadid)의 디자인으로 더욱 주목을 받았습니다. 이곳의 가장 큰 특징 중 하나는 대부분이 디지털로 되어 있다는 점인데요, 보안 검색대에 적외선 카메라와 방사선 물질 감지 장비는 기본이고 안면인식으로 탑승 절차를 할 수 있으며 이용객을 위한 자동 주차 서비스까지 설치되어 있다고 합니다. 이 밖에도 움직이는 무인로봇, 키오스크를 이용한 셀프 체크인 등 첨단 시스템이 도입되어 있어 마치 미래의 모습을 보는 것 같은 느낌을 자아냅니다.

재미있는 여행을 위한 짧은 Tip

중국 공항에서 출국 시 보안검사를 할 때는 착용하고 있는 가방과 주머니에 있는 모든 전자기기들을 꺼내 하나씩 바구니에 담아야 합니다. 그렇기 때문에 미리 따로 다른 가방에 담아 두는 것이 당황하지 않고 빠르게 보안 검색을 통과하는 방법이 될 수 있습니다.

01 음성을 반복적으로 들으며 성조를 표시하고 한국어 뜻도 함께 써 보세요.

🎧 C20_05

[예시]

ˇ —
老师
선생님

☐☐ ① 值机
_____

☐☐ ② 托运
_____

☐☐☐ ③ 充电宝
_____

☐☐ ④ 随身
_____

☐☐☐ ⑤ 登机口
_____

☐☐ ⑥ 麻烦
_____

02 다음 문장에 대한 병음과 한국어 뜻을 함께 써 보세요.

① 您有行李要托运吗?

(병음)

(한국어)

② 请您确认一下登记时间和登机口。

(병음)

(한국어)

③ 去打包一下，再办理托运吧。

(병음)

(한국어)

03 다음 보기의 단어를 넣어 문장을 완성해 보세요.

> 보기 得 麻烦 好了 着 什么的 办

1 时间不早了，我们(　　)回家了。
2 不好意思给你添(　　)了。
3 门开(　　)呢。
4 都准备(　　)吗？
5 我要(　　)签证。
6 这家有苹果、橘子、西瓜(　　)。

04 다음 단어를 조합하여 문장을 완성해 보세요.

1 办 / 想 / 我 / 会员卡

_____

2 什么的 / 看 / 他 / 喜欢 / 足球

_____

3 旅行 / 好了 / 计划 / 安排

_____

01
① zhí jī 명 체크인
② tuōyùn 동 운송을 위탁하다
③ chōngdiànbǎo 명 보조배터리
④ suí shēn 형 몸에 지니다
⑤ dēngjīkǒu 명 탑승구
⑥ máfan 동 귀찮게 하다, 성가시게 굴다

02
① Nín yǒu xíngli yào tuōyùn ma? 부칠 짐 있으세요?
② Qǐng nín quèrèn yíxià dēngjī shíjiān hé dēngjīkǒu.
탑승 시간과 탑승구를 확인해 주세요.
③ Qù dǎbāo yíxià, zài bànlǐ tuōyùn ba. 포장하고 다시 부치세요.

03
① 得　② 麻烦　③ 着　④ 好了　⑤ 办　⑥ 什么的

04
① 我想办会员卡。　② 他喜欢看足球什么的。　③ 旅行计划安排好了。

🚄 설명(공부하기)

❷ '电 diàn'이 들어가면 대부분 '전기'와 관련된 제품들이 많은데요, 모르는 한자가 있어도 이 한자가 있으면 '전기'와 관련되어 있다고 생각하시면 됩니다! 그리고 참고로 '충전기'는 '充电器 chōngdiànqì'라고 합니다.

❸ '~해야 한다'는 당위성을 나타낼 때 '得 děi'는 'de'가 아닌 'děi'로 발음하니까요, 이 점 꼭 주의해 주세요!

❹ '打包 dǎbāo'는 원래 '포장하다'라는 뜻을 가지고 있는데요, 공항에서 포장해 물건을 부치는 곳에도 '打包 dǎbāo'라고 써 있습니다. 부쳐야 하는 짐이 있다면 공항에서 '打包 dǎbāo'라고 쓰여있는 곳을 찾아보세요!

值机 zhí jī　　명 체크인　　　行李 xíngli　　명 캐리어, 짐　　　充电宝 chōngdiànbǎo　　명 보조배터리

电池 diànchí　　명 배터리, 건전지　　锂电池产品 lǐdiànchíchǎnpǐn　　명 리튬배터리 제품　　登记时间 dēngjìshíjiān　　명 탑승 시간

登机口 dēngjīkǒu　　명 탑승구　　二十三 èrshísān　　수 23, 스물셋　　酒 jiǔ　　명 술

机场工作人员 jīchǎng gōngzuò rényuán　　명 공항 직원

会员卡 huìyuánkǎ　　명 회원카드　　签证 qiānzhèng　　명 비자　　西瓜 xīguā　　명 수박

羊肉串 yángròuchuàn　　명 양꼬치　　火锅 huǒguō　　명 훠궈　　刚 gāng　　부 막, 방금

衬衣 chènyī　　명 셔츠, 블라우스　　T恤 T xù　　명 티셔츠　　睡 shuì　　동 잠을 자다

添 tiān　　동 보태다, 더하다　　努力 nǔlì　　명동 노력(하다)　　五道口站 Wǔdàokǒu zhàn　　명 우다오커우역

早 zǎo　　형 이르다　　低头 dītóu　　동 고개를 숙이다　　不好意思。 Bù hǎo yìsi　　미안합니다

北京首都国际机场 Běijīng Shǒudū Guójì Jīchǎng　　베이징수도국제공항　　韩亚航空 Hányà Hángkōng　　아시아나 항공

仁川国际机场 Rénchuān Guójì Jīchǎng　　인천국제공항　　大韩航空 Dàhán Hángkōng　　대한항공

中国国际航空 Zhōngguó Guójì Hángkōng　　중국국제항공 (에어차이나)　　机场线 jīchǎng xiàn　　명 공항철도

柜台 guìtái　　명 카운터　　机票 jīpiào　　명 비행기표　　登机牌 dēngjīpái　　명 탑승권

商务舱 shāngwù cāng　　명 비즈니스석　　经济舱 jīngjì cāng　　명 이코노미석, 일반석　　超重 chāozhòng　　동 중량을 초과하다

海关 hǎiguān　　명 세관　　检疫 jiǎnyì　　명동 검역(하다)　　国内线 guónèi xiàn　　명 국내선

国际线 guójì xiàn　　명 국제선　　候机室 hòujīshì　　명 라운지

贵宾室(贵宾厅) guìbīnshì (guìbīntīng)　　명 귀빈실

주중국 대한민국 영사부

- 주소 : 中国北京市朝阳区第三使馆区东方东路20号领事部 (邮政编码100600)
  (Consulate General of the Republic of Korea in Beijing, NO.20 DongfangdongLu, Chaoyang District, Beijing China)

- 대표전화(근무시간 중) : +86-10-8531-0700
  긴급연락전화(사건사고 등 긴급상황 발생시, 24시간) : +86-186-1173-0089
  영사콜센터(서울, 24시간) : +82-(0)2-3210-0404

- FAX : +86-10-6532-3891

- 이메일 : chinaconsul@mofa.go.kr (영사) / chinavisa@mofa.go.kr (비자)

- 외교관할구역 : 북경, 천진, 하북성, 산서성, 청해성, 내몽고자치구, 신강위구르자치구, 서장자치구(北京市, 天津市, 河北省, 山西省, 青海省, 内蒙古自治区, 新疆自治区, 西藏自治区)

- SNS : 페이스북: https://www.facebook.com/mofakr.kr   트위터: https://twitter.com/mofa_kr
  인스타그램: https://twitter.com/mofa_kr   유튜브: https://www.youtube.com/user/MOFAKorea

지하철 여행
중국어